"中国科学技术馆实践书系"丛书

殷 皓 ◎ 主编

医者仁心
——人民健康的守护者

王 霞　王洪鹏 ◎ 主编

·北京·

图书在版编目（CIP）数据

医者仁心：人民健康的守护者 / 王霞，王洪鹏主编. —北京：科学技术文献出版社，2023.8

（中国科学技术馆实践书系 / 殷皓主编）

ISBN 978-7-5235-0711-7

Ⅰ.①医… Ⅱ.①王…②王… Ⅲ.①医学家—先进事迹—中国—现代 Ⅳ.① K826.2

中国国家版本馆 CIP 数据核字（2023）第 165564 号

医者仁心——人民健康的守护者

策划编辑：张　丹　　责任编辑：李　鑫　　责任校对：张永霞　　责任出版：张志平

出 版 者	科学技术文献出版社
地　　址	北京市复兴路15号　邮编　100038
编 务 部	（010）58882938，58882087（传真）
发 行 部	（010）58882868，58882870（传真）
邮 购 部	（010）58882873
官方网址	www.stdp.com.cn
发 行 者	科学技术文献出版社发行　全国各地新华书店经销
印 刷 者	北京地大彩印有限公司
版　　次	2023 年 8 月第 1 版　2023 年 8 月第 1 次印刷
开　　本	710×1000　1/16
字　　数	77 千
印　　张	5.75
书　　号	ISBN 978-7-5235-0711-7
定　　价	39.00 元

版权所有　违法必究

购买本社图书，凡字迹不清、缺页、倒页、脱页者，本社发行部负责调换

"中国科学技术馆实践书系"丛书

编委会主编　殷　皓
编委会副主编　苏　青
编委会成员　欧建成　隗京花　庞晓东　张　清
　　　　　　蒋志明　兰　军
编辑部主任　赵　洋
编辑部副主任　刘玉花
编辑部成员　谌璐琳　莫小丹　刘　怡　刘　巍

《医者仁心——人民健康的守护者》编委会

顾　　问　殷　皓　钱　岩　姬　刚
名誉主编　齐　欣　叶菲菲
主　　编　王　霞　王洪鹏
编委会成员（按姓氏笔画排序）
　　　　　刘枝灵　孙伟强　李　一　张　然
　　　　　张　璐　邵翔楠　胡　杨　谢柯欣

目录照片作者　王　鹏
美　术　设　计　北京科技报社
广播剧制作单位　湖北广播电视台　湖北经济之声
　　　　　　　　湖北经济广播

目　录

敢医敢言　勇于担当——钟南山 ……………… 1
抗疫小剧场之一
敢医敢言，勇于担当——钟南山 ……………… 4

行稳致远的科技"战舰"——陈薇 ……………… 10
抗疫小剧场之二
除了胜利，别无选择——陈薇 ……………… 17

宁负自己　不负人民——张伯礼 ……………… 23
抗疫小剧场之三
肝胆相照真，割胆留决断——张伯礼 ……………… 27

铁腕治疫的巾帼院士——李兰娟 ……………… 33
抗疫小剧场之四
国家有需要，我们随时出发——李兰娟 ……………… 37

医者仁心
人民健康的守护者

关键时刻　关键之举——王辰 ……………… 43
　　抗疫小剧场之五
　　关键时刻，关键之举——王辰 ……………… 46

为武汉写一份最满意的答卷——黄璐琦 ……………… 52
　　抗疫小剧场之六
　　誓用中国办法，保护中国人民——黄璐琦 ……………… 58

与时间赛跑的生命守护者——乔杰 ……………… 65
　　抗疫小剧场之七
　　我们都在与时间赛跑——乔杰 ……………… 70

"中西合璧"的医学院士——仝小林 ……………… 76
　　抗疫小剧场之八
　　欲中医自信，须先文化自信——仝小林 ……………… 79

敢医敢言 勇于担当
——钟南山

2020年,有这样一张照片在微信朋友圈里刷屏。一位老人坐在火车餐车一角,闭目仰头休憩,桌上摆放着一摞资料。这位老人就是为应对新型冠状病毒感染的疫情再次临危受命的中国工程院院士、著名呼吸病学专家——钟南山。

17年前,他是抵御"非典"的国之利刃,奋战在抗击病毒的最前线,凭借着精湛的医术成为一名勇敢的战士;17年后,新冠疫情突发,他临危受命,担负着所有人的期待,重披战甲,奔赴"战场",彼时,他已经是84岁高龄,在呼吸系统疾病的临床、教学和科研岗位上工作了60余年。

医者仁心
人民健康的守护者

1936年,钟南山出生于南京,他的父亲钟世藩是儿科专家,母亲廖月琴则是广东省肿瘤医院的创始人之一。医学世家出生的他,从小树立了当医生的理想。19岁时,钟南山考入北京医学院,也就是现在的北大医学院。1974年,钟南山被调入慢性支气管炎防治小组,他每天专心做实验、搞研究,也在这一领域取得了很多的科研成就。1996年,他当选为中国工程院院士。

2003年,"非典"暴发,钟南山院士临危受命,第一时间奔赴"战场"。面对广州几家大医院人满为患、不堪重负的场面,他主动请缨,要求把最危重的"非典"患者集中收治到他所在的医院。

短短几天里,他就接收了21位危重病患,他亲自检查、制定救治方案,甚至亲自抓起人工气囊为患者输氧,检查患者的口腔……医院就是战场,作为战士,钟南山院士不顾生命危险,夜以继日地工作,那一年,他已经67岁。

钟南山院士有着"敢医敢言"的担当,在人民生命面临挑战的每一个关口,他勇挑重担、挺身而出;当人民面临恐惧时,他坚定不移地给予大家信心,传递的是一份沉甸甸的安全感。

2020年,新型冠状病毒引发的疫情袭来,这位铁血英雄再次披甲逆行,以国家卫健委高级别专家组组长的身份亲临武汉。面对复杂的形势和百姓的恐慌,

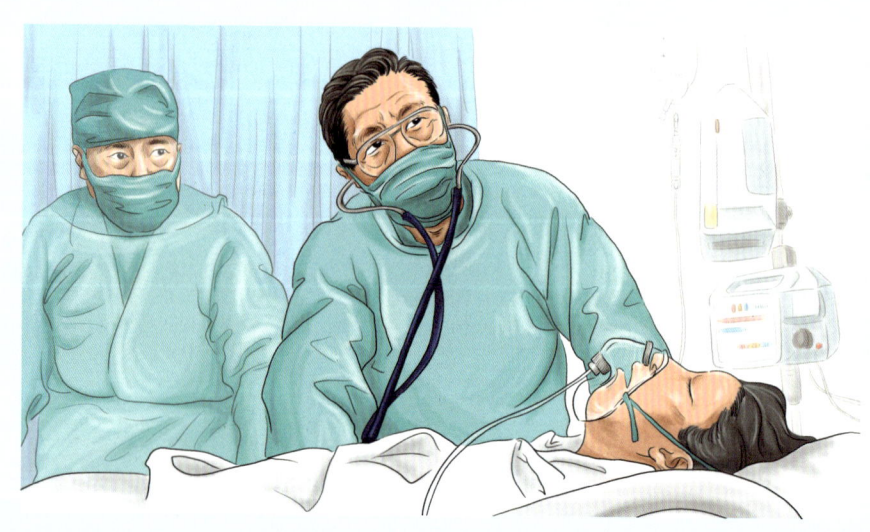

敢医敢言 勇于担当

他迅速对疫情形势作出研判，紧急制定防疫方案，与医护工作者夜以继日奋战在疫情一线。

有人说，既然已经取得了一番成就，又何必每次都以身试险？作为"共和国勋章"获得者，钟南山院士的一番发言给出了有力的答案："'健康所系，性命相托'，就是我们医务人员的初心；保障人民群众的身体健康和生命安全，是我们医者的使命。"他用敢医敢言、勇于担当的精神向世人诠释了一个医生的本色。

84岁的钟南山院士尽管已是耄耋之年，但他依旧身手矫健、思维敏捷。他坚持几十年如一日地出门诊、查房、会诊、科研、带研究生，样样不落。在繁忙的工作之余，他还坚持体育锻炼，这位"80后"的人生字典里也许从来没有"停步"二字。

钟南山，这位胸怀祖国、服务人民的科学家为我国广大科技工作者和医务工作者树立了一座永恒的丰碑。

让我们向国士致敬！

医者仁心
人民健康的守护者

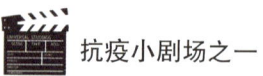 抗疫小剧场之一

敢医敢言,勇于担当——钟南山

剧中人物

钟南山	84岁	男	中国工程院院士,著名呼吸病学专家
学　生	35岁	男	武汉医生
旅客1	40岁	男	武汉口音武汉市民
旅客2	40岁	女	武汉市民
旅客3	20岁	女	武汉市民
女　儿	30岁	女	武汉一家人中的女儿
爸　爸	60岁	男	武汉一家人中的爸爸
妈　妈	60岁	女	武汉一家人中的妈妈

敢医敢言　勇于担当

第一幕

【场景：火车餐车】

广播：从深圳北开往武汉的G1022次列车已经发车，列车的终点站是武汉站……

旅客1：武汉不是发生疫情了吗？怎么都还往武汉跑啊？这连餐车都坐满了啊！

旅客2：还有一星期要过年了，春运呗！有什么能拦住中国人回家的决心啊！喂，你知道有疫情就把口罩好好戴着，这SARS可厉害着呢！

旅客1：没那么严重！这次不是SARS！是叫新型冠状病毒！还没确定是不是人传人呢！

旅客2：我听说两批专家都去过武汉，咋没有定论啊，到底严不严重啊？啥时候才有结果啊？哎哟，急死人了！

旅客3：哎？你们快看，斜对面那个是不是钟南山啊？

旅客1：哪个钟南山？那个SARS专家？看着有点像哎！不可能啊，他应该都退休了，怎么说也有80好几了。

旅客2：是他是他啊！肯定是亲自来确认肺炎的！

旅客1：啊？他坐餐车来武汉啊？哎哟，真是不容易啊！不过他出马了，那就太好了！

旅客3：他可是中国呼吸病学界最权威的工程院院士呢！

旅客2：最权威的专家来了！看来马上就有个说法了！

【版头：中国科学技术馆出品八集系列广播剧《是院士也是战士》。第一集《敢医敢言，勇于担当——钟南山》】

第二幕

（餐车里，手机响）

学生（电话效果）：喂，钟老师，您已经在来武汉的路上了？

医者仁心
人民健康的守护者

钟南山：对！还有一个小时就到了！

学生：可是……根据我们从武汉发给您的资料，您不是已经高度怀疑人传人了吗？还有必要亲自来武汉吗？

钟南山：有必要！你们都是我的学生，还不清楚吗？医学研判必须严谨，我需要彻底全面了解！国家需要尽快做出最严谨的判断、最科学的决策！武汉一天也不能等了。我刚刚在火车上已经拟定了一个提纲，一会儿下了火车我们直接在金银潭医院见。

学生：好，我看了一下行程表，这两天您来武汉的调研安排非常紧，几乎没有时间休息。您抓紧时间睡一下，保存体力！

旁白：2020年1月18日，一张照片刷屏网络——84岁高龄的钟南山靠着列车上的餐车座椅，面容疲倦。这时的他，刚抢救完患者从深圳回到广州，接到通知后又立即乘高铁赶往武汉研判疫情，为防止新冠疫情蔓延赢得了宝贵时间。

第三幕

【场景：普通百姓家中，做饭炒菜声】【《新闻1+1》同期声】

女儿：爸，把电视声音开大点儿，《新闻1+1》中钟南山院士正在发布重要提示呢！

爸爸：赶紧的，快把你妈也叫过来！钟南山高级别专家组组长！他说的一定权威！

女儿：妈，快来！

妈妈：来了来了！

【《新闻1+1》部分电视原声】

白岩松：前几天还不能确定，针对人传人，现在的判断是什么样的？

……

钟南山：过去曾经是有风险或者是什么，现在的资料表示它是肯定的有人传人（的现象）……

敢医敢言　勇于担当

白岩松：普通人应该怎么去防范？

钟南山：戴口罩还是有用的，因为这些病毒，它常常是存在在飞沫里头，一般的口罩的话，外科口罩等等这些还是能够阻挡大部分的粘在飞沫上的病毒进入呼吸道。

爸爸：确定人传人了，一定得戴口罩啊！

妈妈：哼，之前我们让你戴，你还不听！

爸爸：我就信钟南山说话！2003年"非典"刚开始的时候，下定论说"病因不是病毒，是衣原体"，结果差点误了事！要不是钟南山大胆推翻之前的定论，后果真不敢设想！当时的外部压力多大啊，他就敢说当时北京的疫情传播没有得到有效防控，这才扭转了局面。

妈妈：当时SARS的时候，他亲自集中收治最严重的患者！英雄啊！

女儿：嗯，今天他又一次坚定发声了！看来一场战疫，又要开始了！

爸爸：老伴！钟南山说了，飞沫传播，咱们下楼买菜一定戴好口罩，做好防护！

女儿：钟院士还说了，要勤洗手、多通风。咱们可一定要照着做啊，爸妈！

爸爸、妈妈：好的好的！一定一定！

旁白：钟南山的公开发言，立刻拉响了全国防止疫情扩散的警报。1月20日，习近平总书记对新型冠状病毒感染的疫情做出重要指示，强调要把人民群众生命安全和身体健康放在第一位，坚决遏制疫情蔓延势头。1月23日上午10时，武汉，这座千万人口的城市宣布暂时关闭离汉通道，史无前例地按下"暂停键"。

第四幕

（电话响，钟院士接电话）

学生：（电话效果）钟老师，还在忙呢？

钟南山：刚开完会，晚上还有个讨论会！

学生：您辛苦了！

医者仁心
人民健康的守护者

钟南山：你们在武汉暴风中心的医生更辛苦了。

学生：哎！这几天病例数猛增……

钟南山：今天是1月27号，病例数还在爬坡，我们预判接下来还有一段时间才会达到峰值啊。我知道你们很难，但是人的生命是第一宝贵的！中国不惜一切代价"封城"，经济暂停，为了什么？只为生命！我们如果能保住更多人的命，这才是最大的人权！

学生：嗯！您常教导我们医生的使命，学生牢记在心。对了，现在全国医疗队都来支援湖北了，我们武汉的医护也慢慢开始有信心了！

钟南山：（哽咽）好，好啊！劲头上来了，很多东西都能解决！

学生：老师！您听到没！医院的居民楼！小区阳台！市民们……正在唱歌！您听！（兴奋）

【出武汉小区居民《歌唱祖国》的同期声】

钟南山：（哽咽）向武汉人民致敬！武汉本来就是一座英雄的城市，这次也一定能够过关！

旁白：2月13日，钟南山团队宣布从新冠感染患者的粪便样本中分离出新冠病毒；2月14日，在钟南山指导下，呼吸疾病国家重点实验室联合中国科学院广州生物医药与健康研究院等研发出新冠病毒IgM抗体快速检测试剂盒；2月28日，钟南山与全国30多位作者共同完成"中国2019年新型冠状病毒感染的临床特征"研究，并在国际医学期刊《新英格兰医学杂志》发表。该研究收集了来自全国552家医院的1099例确诊患者的临床信息，提出严格、及时地采取流行病学措施，对遏制疫情迅速蔓延至关重要。如今钟南山入选世卫组织专家组，他的专业精神和经验还将为世卫组织新冠疫情应对评估专家组的工作提供帮助并做出积极贡献。为表彰他在"非典"和新冠疫情防控中做出的巨大贡献，钟南山院士被授予"共和国勋章"。

（颁奖现场掌声，同期声压混）

钟南山：（同期声）"健康所系，性命相托"，就是我们医务人员的初心；保障人民群众的身体健康和生命安全，是我们医者的使命！

敢医敢言　勇于担当

【报尾】

刚刚您听到的八集系列广播剧《是院士也是战士》。第一集《敢医敢言，勇于担当——钟南山》

出 品 人：殷皓、庞晓东

制 片 人：齐欣

策　　划：叶菲菲

统　　筹：王霞

宣　　推：胡杨

分集编剧：第一集：马林、王洪鹏、王先君

　　　　　第二集：杨旭宇、张然

　　　　　第三集：张世奇、孙伟强

　　　　　第四集：孙曼莉、李一

　　　　　第五集：向晶晶、谢柯欣

　　　　　第六集：杜雅婷、胡杨、张璐

　　　　　第七集：徐曼、刘枝灵

　　　　　第八集：何山、邵翔楠

制　　作：刘飞、杨旭宇、张世奇

演　　播：徐力、林岚、肖新宇、徐湘汉、刘伟光、车云鹤、晓轩、马林

旁　　白：李曼、王旭

参与演出的还有：郑剑鹰、周向红、李丽、邹小龙、郑文婧、郭子健、胡明畅等

本剧监制：杜雅婷

总 编 剧：王霞

执行导演：易星

总 导 演：梁延

出品单位：中国科学技术馆

制作单位：湖北广播电视台湖北之声、湖北经济广播

行稳致远的科技"战舰"
——陈薇

2003年,"非典"肆虐,她研制出对病毒有较好的防治作用的"重组人ω干扰素",使全国6个省(自治区、直辖市)、10多家医院的1.3万名奋战在抗疫一线的医护人员无一感染。

2014年,埃博拉病毒暴发,她带领团队远赴非洲大陆,研制出世界上第一支埃博拉新基因疫苗。

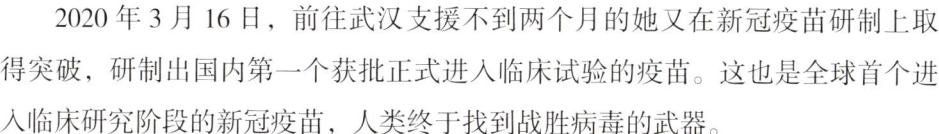

行稳致远的科技"战舰"

2020年3月16日,前往武汉支援不到两个月的她又在新冠疫苗研制上取得突破,研制出国内第一个获批正式进入临床试验的疫苗。这也是全球首个进入临床研究阶段的新冠疫苗,人类终于找到战胜病毒的武器。

她是清华"女神",也是护国"战神"。

她是生物安全专家,也是中国工程院院士,"人民英雄"国家荣誉称号获得者。

她是陈薇。

与病毒打交道贯穿了陈薇的整个职业生涯,然而陈薇最关心的却始终是那些遭受病毒折磨的人民。

陈薇常说:"人民子弟兵来自于人民,反哺于人民。""如果作为一名军人我们承担了更多的危险,人民就能更少地遭受来自病毒的折磨。不一样的是我们在用科技作为支撑,让更多人过上健康的生活。"

从加入军事科学院的那天起,"人民子弟兵来自于人民,反哺于人民"永远是她作为带着中国精神乘风破浪,行稳致远的这艘科技"战舰"出发时高高飘扬的旗帜。

武汉抗疫是陈薇这个早已身经百战的生物安全专家真正被大众熟知的一次。

2020年1月,新冠疫情在湖北暴发,恐惧深深地笼罩住了这片大地。1月26号,在接到增援武汉命令的几小时后,陈薇和她的团队就已经出现在武汉街头。

然而抵达武汉只是第一步,面对未知的病毒及严峻的疫情防控形势,接下来干什么?怎么干?是摆在专家组面前最紧迫的任务。

当天夜里,陈薇组织专家组成员开会,明确将疫苗研究作为主攻方向,检测溯源、专家指导、样本采集、成果验证、气溶胶检测等工作也要同步开展。

彼时,武汉的疫情正处于上升期,形势非常严峻。整座城市的病毒核酸检测需求飙升,迫切需要提升日检测量。

"首要任务是救人!"

在陈薇的指挥下,短短24小时内,一座负压帐篷式移动实验室在中部战区

医者仁心
人民健康的守护者

总医院药剂楼旁建了起来。从那天起,大量核酸样本被源源不断地送到这里。

为让医院尽早获知结果,迅速救治患者,他们第一时间搭建了全自动核酸提取平台,并利用军事医学研究院自主研制的试剂盒及全自动提取核酸方法,将样本检测时间压缩至 4 个小时,单日标本检测能力最高超过 1000 份。

陈薇说:"我们把武汉当成了自己的家,尽我们所能,用科学数据回答老百姓关心的问题。"

有人担心蚊子等昆虫会传播新冠病毒,陈薇团队在武汉布点空气采样器,"当时的检测是没有发现昆虫传播现象的"。

有女性关心新冠感染患者能否母乳喂养,陈薇团队对患者进行跟踪监测,发现母乳在 56 ℃经过 15 分钟处理后喂养安全可用。

当气溶胶传播舆论冒起,有市民担心从金银潭医院经过是否会感染。她带领团队从金银潭的院外 50 米一直检测到 ICU,连续做空气采样,并对医院院感提出风险点防治。

他们还着手搭建基于化学发光法的全自动抗体检测平台,并先后帮助火神山医院、泰康同济医院、湖北妇幼保健院光谷院区等多家医院进行血液样本筛查,

行稳致远的科技"战舰"

有效提高了新冠感染患者临床诊断的精准度。

在武汉，陈薇团队一边在精准筛选确诊病例，一边又在争分夺秒地研发新型冠状病毒疫苗。

2020年3月16日，陈薇团队研制的腺病毒载体疫苗，成为国内第一个获批正式进入临床试验阶段的疫苗，这也是全球首个进入临床研究阶段的新冠疫苗。

五个月后，陈薇团队的腺病毒载体疫苗获得国家专利，成为国内首个进入临床获得专利权的新冠疫苗。

同年9月7日，陈薇介绍，团队研发的重组新冠疫苗对已经发生变异的新冠病毒实现完全覆盖。从目前来看，年产3亿的目标是可以实现的。他们还努力扩大产能让疫苗能够覆盖到每一个人。

1984年，兰溪一中高中毕业的陈薇以优异的成绩考入浙江大学化学工程系。四年后从浙江大学毕业，被推荐至清华大学化学工程系攻读硕士学位。

学生时代的陈薇性格乐观、积极又能歌善舞。

她还梦想过当一名作家，在清华大学读研究生时，她当过记者，编过《研

医者仁心
人民健康的守护者

究生通讯》刊物，当过学生咖啡厅的服务员，摆过地摊，还在清华搞过舞会。

1991年，在硕士毕业的前夕陈薇就已经和深圳的一家著名企业签订了就业合同，等待毕业后就投入职场。但一次帮导师去军事医学科学院买实验试剂的机会，让陈薇对军事医学科学院完备的科研环境及优秀的科研人员有了非常深刻的印象。走进军事医学科学院，陈薇才第一次了解到，中国竟然有这样一个特殊的单位！

回到学校之后，热血沸腾又辗转难眠的陈薇心中产生一种投身其中、贡献才智的强烈愿望。然而，她想参军的想法招来一片反对。

很多人劝她别去，但她毅然决然选择到军事医学科学院工作，成为同学眼中的"最不适合做研究的人却进了研究所"。

然而，真的从一个学生变成军人，陈薇才发现，理想和现实存在很大的差距。

军事医学科学院地处的丰台镇，那个时候四周还非常的荒凉，部队生活不比校园，既单调又清苦。与陈薇同期入伍的人陆陆续续地离开了部队，只有陈薇坚持了下来。

"作为军人，必须是身先士卒，赴汤蹈火！我不知道埃博拉危险吗？我不知道新冠危险吗？我没有家庭吗？"在个人和人民之间，陈薇的选择从来没有变过。

2003年，SARS疫情肆虐，军事医学科学院不仅在国内率先分离出SARS冠状病毒，陈薇主持的团队更是迅速对干扰素ω进行了实验，证明其在体内外能有效抑制病毒的增殖，显著减轻机体损伤。

事实上，在SARS暴发之前，陈薇主持这项研制工作已历时3年。最初，这一干扰素主要用来治疗乙型和丙型肝炎。但在特殊状况发生时，陈薇团队通过研究，发现该干扰素对SARS病毒也有较好的防护作用，从而成功研制出针对SARS病毒的预防用药。

为了使该药早日进入临床，陈薇带领课题组的同志夜以继日，把大量的工作压缩在几天完成。为了尽快补齐实验数据，准备申报材料，她竟然72小时没

行稳致远的科技"战舰"

有回家也没有合眼。

长时间的疲劳和睡眠缺乏,导致头部血管痉挛,陈薇疼得无法忍受,但她又不能放下手中的工作,最后的一天,她一边用双手紧紧地揪住头发来缓解疼痛,一边继续工作。

为了满足急需,她组织全室人员加班加点生产,在营区外连续奋战二十多个昼夜,喷鼻剂的日产量由最初的几百支很快增加到两万支,她又亲自将两千多支喷鼻剂及时送到小汤山医院。

此后,全国6个省(自治区、直辖市)、10多家医院的1.3万名医护人员使用"重组人ω干扰素"喷鼻剂,无一例感染。

从加入军事医学科学院以来,陈薇30年如一日,带领团队勤恳耕耘,埋头科研。作为导师,她"对所有学生一视同仁,永远鼓励创新,把最前沿的理念和信息给大家共享……"这是陈薇的学生和同事们对她的评价。

她说:"要像爱护自己的眼睛一样爱护学生,这是我作为导师的使命和职责。"她手把手教学生做蛋白纯化实验,实验用的纯净水都是她自己搬到楼上。那时实验仪器没有现在先进,陈薇就带着他们一直守在仪器旁收集样品。

对于学生来说,陈薇的言传身教是人生科研生涯的第一课,陈薇的学生后来回忆道:"从那时起,细致、认真就刻在了我的骨头里。"

为了培养更多的专业人才,陈薇总是鼓励团队里的研究人员要发挥专业交叉优势,独立思考,大胆用自己的专业特长解决问题。她总是尽可能为学生们搭建平台、拓展空间,希望学生到各个领域发展,成为对国家有用的人才。

对于非科班出身的学生,陈薇从来不把专业当作团队中的限制。在武汉抗疫中,陈薇"点将"了所里自动化出身的研究员,仅用两天时间就将免疫学检测精密设备调试成功。后来,在陈薇的指导下,她展开的新冠病毒抗体研究取得重大突破。

在采访中,每当聊起在武汉的日日夜夜,陈薇那双坚定而清澈的双眼常常饱含着热泪。她几度哽咽语气微颤地说,她对团队成员很是愧疚,这个团队

医者仁心
人民健康的守护者

已跟随她多年，从SARS到汶川救灾，再到非洲埃博拉的抗疫，最后到今年的疫情。

一边是国家的召唤，一边是对队员的承诺，团队成员跟着她在没有硝烟的战场"出生入死"几十年都没有停歇过，除了执行任务就是在苦练基本功等待出征。

自己给团队成员承诺了很多东西，但是由于有事却从未兑现。小到请队员来家里吃饺子，大到团队中有人因出征非洲推迟的婚礼，她说回来一定参加，但又被带到武汉，婚礼至今也未举行。

2020年2月26日，陈薇54岁生日那一天，正是她带领团队所研发第一批疫苗在生产线下线的日子，她接过大家的祝福并用8个字回应："除了胜利，别无选择！"陈薇说，"人活在世总要干点事情，现在团队被放到这样的位置，就不容退缩，就得把事情做到极致。"

行稳致远的科技"战舰"

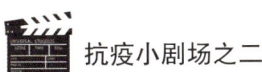
抗疫小剧场之二

除了胜利，别无选择——陈薇

剧中人物

陈 薇	女	54 岁	中国工程院院士，军事医学科学院研究员
记 者	女	40 岁	陈薇母亲家中采访记者
陈 母	女	约 80 岁	陈薇母亲
科研人员1	男	35 岁	陈薇团队成员
科研人员2	女	40 岁	陈薇团队成员
另有首长、接站人员等			

医者仁心
人民健康的守护者

第一幕

【压混陈薇获奖现场音频】

颁奖现场同期声：陈薇，人民英雄。长期从事生物危害防控研究，新冠疫情暴发后，闻令即动，在基础研究、疫苗、防护药物研发方面取得重大成果，为疫情防控做出重大贡献！

（压混）

记者：陈薇妈妈，哎，女儿在人民大会堂呢！看看！那个电视上，穿着军装领奖的那个，多帅啊！

陈母：哎呀，头发白了！头发都白了！以前"非典"、埃博拉的时候头发都没白，这次去武汉回来头发都白了。太操心了！

记者：她出发去武汉的时候，您是不是特别担心啊？

陈母：军人嘛，召必应啊，习惯了，她就是说走就走。

记者：她那么辛苦，您心不心疼啊？

陈母：没事儿没事儿，为人民服务嘛。大家好就都好了！

记者：您培养的人民英雄啊，好样的！

陈母：我骄傲啊，特别的骄傲！我们中国人啊，真了不起！

【版头：中国科学技术馆出品八集系列广播剧《是院士也是战士》。第二集《除了胜利，别无选择——陈薇》】

第二幕

【场景：军队出发的原声】

陈薇：首长！请您指示！

首长：按计划进行！

陈薇：是！

（音效：军车启动开向远方）

行稳致远的科技"战舰"

【场景，接站现场】

接站人员：感谢陈薇院士和您的团队来到武汉。舟车劳顿，要不然先赶紧休息一下吧。

陈薇：不休息了吧，我们先解决最迫切的问题。武汉现在核酸检测量不是上不去吗？我来帮助你们把负压帐篷式移动实验室搭建起来，然后我们就可以马上进行全自动核酸提取平台的建设了。

接站人员：这样就可以大大地压缩检测的时间，提高日检测量了！

陈薇：是的！尽快把百份样本从处理到检测完成的时间压缩到4个小时，争取单日标本检测能力最高达到1000份以上。

接站人员：好的好的，那明天一早我们就开始搭建。

陈薇：不，我建议现在就开始准备，争取在一天之内完成搭建！

（音乐起）

第三幕

旁白：1月26日，中国工程院院士、军事科学院军事医学研究院研究员陈薇率领军事医学专家组奉命前往武汉，赶赴疫情防控的最前线。抵达武汉后，陈薇带领专家组仅用一天就完成帐篷式移动检测实验室和检测平台搭建工作，应用自主研发的检测试剂盒，配合核酸全自动提取技术，迅速形成日检1000人份的核酸检测能力，扭转了正遭遇瓶颈期的武汉核酸检测。紧接着，又围绕病原传播变异、快速检测技术、疫苗抗体研制等课题，迅速开展应急科研攻关，与军、地有关单位建立起联防、联控、联治、联研工作机制。2月26日，由她领衔的团队研制的第一批重组新冠疫苗从生产线上下线。这一天，恰巧也是陈薇54岁的生日。

科研员1：陈院士，今天真是个好日子！双喜临门！

陈薇：双喜？除了疫苗下线，还有什么喜事？

科研员2：哎呀，您看您都忘了吧？今天是您的生日啊！

医者仁心
人民健康的守护者

陈薇：哦……2月26号是我的生日，你们瞧瞧，我压根儿都没往这处想。

科研员1：现在武汉还没有复工，这……我们也没能给您准备份礼物……

陈薇：礼物？大家在武汉8周共同努力的成果——第一批下线的疫苗，不就是你们给我最好的礼物吗！

科研人员1：呵呵，也是！生日快乐！

科研人员2：对！生日快乐！哎呀，这一说，来武汉都8周了？好快啊！

科研人员1：嗯！来了这么久，好久没这么开心了！

陈薇：同志们，辛苦了！挺对不住大家的，让大家跟我一起这么累！

科研人员2：虽然累，但是值得啊。想想，短短8周时间，咱们陈薇团队完成了全新疫苗的药学、药效学、药理毒理研究；还完成了疫苗设计、重组毒种构建和GMP条件下生产制备，开展一期临床试验，这速度，绝对是世界纪录啊！

科研人员1：嗯，回头想想，我们刚到武汉的时候，大家多沮丧啊。你们记不记得有一天凌晨三点我们才从病毒实验室回驻地。在大巴上，好多人都偷偷哭了。实在是压力太大了！

科研人员2：突然一句歌声不知道从哪里传出来，唱的是"我和我的祖国……"

科研人员1：我满车找歌声从哪儿来的，居然是陈薇院士在唱。

科研人员2：那歌声就像黑夜破晓。那一刻，夜虽然是黑暗的，但大家的心却是明亮的；眼睛虽然充满了血丝，却掩盖不了对胜利的渴望。

陈薇：因为我坚信，有我们国家强大的科技实力，胜利一定属于我们！除了胜利，别无选择！

科研人员1：对！哎，陈院士，许个愿吧。

科研人员2：对对，许个生日愿望。

科研人员：对！

陈薇：愿中国的疫苗早日通过实验，早日投入使用！

科研人员：太好了！（鼓掌）

行稳致远的科技"战舰"

陈薇：我的祖国和我，像海和浪花一朵，浪是海的赤子，海是那浪的依托……

科研人员：（齐唱）我最亲爱的祖国，你像大海永不干涸，永远给我碧浪清波，心中的歌……

陈薇：除了胜利，别无选择！

众人：除了胜利，我们别无选择！

第四幕

旁白：疫苗，是目前抗击新冠感染最有力的科技武器。在武汉，陈薇率领团队与后方科研基地联合作战，集中力量展开应急科研攻关，争分夺秒开展腺病毒载体重组新冠疫苗的研究。陈薇领衔的新冠疫苗研制团队，也被视为疫苗研发的"种子选手"。但陈薇却说，她要感谢志愿者！做疫苗临床试验时，在公布108个志愿者招募名额后，短短两天时间5346人报名疫苗志愿者，甚至还有夫妻二人共同报名。

陈薇：疫情在哪里，我们实验室就在哪里。

旁白：在武汉的日子，陈薇团队践行科技战"疫"主线，除了研制新冠疫苗，还做了很多其他工作。当气溶胶传播舆论冒起，有市民担心从金银潭医院经过会被感染。空气动力学是陈薇团队的强项，她就带领团队从金银潭医院外50米一直检测到ICU，做空气采样，并对医院提出院感风险点。惊蛰之后，有人担心蚊子等昆虫会传播新冠病毒，陈薇团队把昆虫采样器布点到东湖等地，做了昆虫的检测……

陈薇：我一直觉得，我们是军人，来自于人民，反哺于人民，我们承担了更多的困难，我们承担了更多的危险，让更多的百姓减少更多的病痛，让他们更多地过上健康的生活！

旁白：从研制出首个SARS预防生物新药"重组人干扰素ω"，到全球首个获批新药证书的埃博拉疫苗，再到为新冠疫情防控做出重要贡献……从军29

医者仁心
人民健康的守护者

载,陈薇潜心于生物危害防控研究,矢志为人民构筑起一道生物安全防护的坚盾。面对"为什么能坚守武汉113天?"的提问,陈薇沉默数秒后哽咽着说:"为武汉人民,我心甘情愿!"

【新闻播报叠加】

新闻播报:重组新冠疫苗3月16号启动了一期临床试验,是全球首个进入临床阶段的新冠疫苗。

新闻播报:此前的5月22号,疫苗启动Ⅱ期临床试验,再次领跑世界。临床结果证明,单针接种可使机体同时获得体液免疫和细胞免疫。

新闻播报:9月7日,陈薇表示,团队研发的重组新冠疫苗,对已经发生变异的新冠病毒能够完全覆盖。从目前来看,年产3亿的目标是可以实现的,他们正在努力扩大产能。

新闻播报:目前全球已经有6种新冠疫苗处于临床实验阶段,其中有3种来自中国。

陈薇:从心底迸发出了一种这个岗位就是你该干的,而且你该干好的,而且是你必须身先士卒,你必须去赴汤蹈火的,这是赋予你的责任,赋予你的使命。(20)03年的时候我说穿上这身军装,就意味着这一切都是我们该做的!这么多年来,我一直这样践行的!

宁负自己　不负人民
——张伯礼

国有危难时，医生即战士！

宁负自己，不负人民！

这，是张伯礼在2003年抗击"非典"时立下的铮铮誓言。

2020年，同样的誓言再一次在面对新型冠状病毒引起的肺炎疫情时响起，而这时的张伯礼，已经年逾古稀。

张伯礼，中医内科专家，中国工程院院士、医药卫生学部主任。

医者仁心
人民健康的守护者

"宁负自己，不负人民！"不仅仅是两次疫情时期张伯礼的誓言，更是他一生的写照。

1948年，张伯礼出生于天津。20世纪60年代末，青年张伯礼来到天津大港医疗队，当时的医疗队缺医少药问题十分严重，当他看到队里的中医用中草药治病救人时，便对中医药产生了浓厚的兴趣。1977年，国家恢复高考，年轻的张伯礼抓住了这个难得的好时机，一举考取了天津中医学院。研究生期间，他师从国医大师阮士怡，正式走上"岐黄"之路。

在中华文明几千年的历史长河中，中医药这颗璀璨的明珠熠熠生辉，张伯礼不断从中得到丰厚的养分，他始终坚持传承与发展中医药传统，推动其与西医相辅助、与现代化技术相结合。在中药现代化研究中，张伯礼开拓了以中药有效组方研制现代中药的模式和设计方法；搭建了中药方剂有效组分提取分离和活性筛选技术平台，为现代中药研制和名优中成药二次开发提供了科学依据和技术支撑。

2003年抗击"非典"期间，张伯礼组建了第一支中医的全职团队，他担任天津中医治疗"非典"总指挥，应用中西医结合的方法救治患者，取得了很好的成效。这场战"疫"的胜利，也为17年后的新冠疫情战"疫"打下了坚实的基础。

2020年，新冠疫情席卷而来。已是中国工程院院士、年逾古稀的张伯礼临危受命，在接到中央疫情防控指导组的通知后第一时间飞赴武汉，毫不犹豫地接下了任务。他深入定点医院、方舱医院、社区，给患者会诊、调查疫情、制定中医治疗方案、研究中药治疗新冠感染的处方。他提出对病患分类分层管理、集中隔离，提议使用"中药漫灌"法，并亲自拟定"宣肺败毒方"，让确诊、发热、疑似、留观四类人均使用中医药。事实证明，张院士的方案和处方有效阻止了疫情蔓延，这也是他作为中医人在武汉打下的第一场硬仗。

繁重的救治任务引发了张院士的胆囊炎，面对微创胆囊摘除手术，他却只是风趣地说："我把'胆'留在了武汉，可以与武汉肝胆相照了！"

宁负自己　不负人民

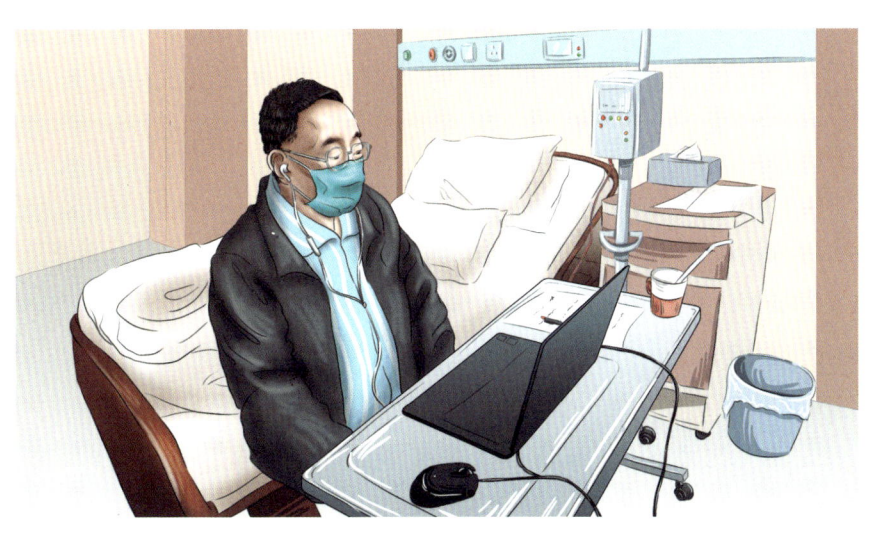

　　作为一名中医内科专家，张伯礼院士除了坚持奋战在一线，也十分注重中医药的研究和教学工作。担任天津中医药大学校长期间，他花费了大量精力创建中医药高等教育规范，他主持并制定的《中国·中医学本科教育标准》和《世界中医学本科（中医师前）教育标准》，为中国乃至世界的中医药高等教育定下了规范。他长期坚持在教学一线指导研究生，用自己的科研奖金创立了"天

25

医者仁心
人民健康的守护者

津中医药大学勇搏基金",用来激励和资助家庭困难、立志于中医药发展事业的优秀学生。同事们在谈起张伯礼校长时,曾这样形容:"张校长精力非常充沛,做事也很有激情,我们年轻人都感觉自叹不如。看他平时好像几乎没有休息的时间,把大部分的精力都投入到工作中。"

在致力于教学的同时,张伯礼院士还潜心于科学研究,他科研著述频出,项目成果众多,特别是推动了中医药法的立法颁布。这部凝聚着几代中医药人心血的《中医药法》,自1983年第一次提出,到2017年正式施行,从提出计划,到深入调研、讨论、审议、编写……全部都离不开张伯礼院士的功劳。"《中医药法》终于修成正果,不仅圆了我多年的梦想,也圆了几代中医药人的夙愿"。

2020年8月11日,国家主席习近平签署主席令,授予张伯礼院士"人民英雄"国家荣誉称号。面对荣誉,张伯礼院士说得最多的一句话是"唯代中医人受誉"。在他的心中,荣誉只是一份认可与信任。他曾说:"一流的医生应该坐起来会看病,站起来能演讲,闭上眼会思考,进了实验室能科研。"

"贤以弘德,术以辅仁。"这是张伯礼的人生座右铭,也是这位国医院士的高尚写照。

宁负自己　不负人民

 抗疫小剧场之三

肝胆相照真，割胆留决断——张伯礼

剧中人物

张伯礼	72岁	男	中国工程院院士，天津中医药大学校长
张　磊	45岁	男	张伯礼儿子，天津中医药大学第一附属医院风湿免疫科副主任
工作人员	40岁	男	医生
患　者	70岁	女	武汉人
专　家	70岁	男	

医者仁心
人民健康的守护者

第一幕

【汽车行驶+收音机：听众朋友大家好，今天是1月27日，农历大年初三，首先我们来关注一下武汉市的新冠疫情的相关消息。】

工作人员：张院士一路辛苦了，要不我们先到驻地休息一下，再开始调查吧？

张伯礼：不了，疫情紧急，直接去医院，我先看看情况吧。

（紧张音乐）

（医院人声嘈杂）

市民甲：我妈都这么大年纪了，能先让我们看看吗？

市民乙：都已经排队挂号3个多小时了，什么时候才能看上病啊？这等着救命的啊！

（群众慌乱嘈杂声越来越大）

护士甲：各位，大家不要慌乱啊，一个一个来，下一位231号进来！

工作人员：张院士您看，现在武汉各大医院都是这种情况，发热门诊都是患者爆满。

张伯礼：嗯，情况比我想象的还要复杂，这样下去可不行。你看这走廊里，输液的患者、排队挂号的人混在一起，这种混乱的状况，只会增加感染的概率。

工作人员：没错，如此任其发展，形势会更加严峻啊！

张伯礼：今天晚上中央疫情防控指导组的专家基本到齐了，我们必须想想办法，采取断然措施！

工作人员：嗯！

旁白：2020年1月27日，大年初三，全中国都笼罩在新冠疫情的阴霾之下，正在天津指导防疫"战"的张伯礼院士被中央疫情防控指导组急召飞赴武汉。从这天开始，72岁的张伯礼就一直坚守在江城、坚持在临床一线，他说："人民的需要就是使命！"

宁负自己　不负人民

【版头：中国科学技术馆出品八集系列广播剧《是院士也是战士》。第三集《肝胆相照真，割胆留决断——张伯礼》】

第二幕

【转场音效 + 时针转动 + 会议室室内环境音】

张伯礼：各位同仁，以上是我们今天走访武汉几家医院见到的情况，非常的不乐观。

专家：张伯礼院士有什么建议？

张伯礼：我认为，马上要进行分类分层管理、集中隔离。

（会场众人小声议论纷纷）

众人：分类分层？划分成什么呢？

张伯礼：好好好，大家安静，大家安静。分类分层是这样的：针对病情，分成发热的、留观的，还有密切接触的、疑似的这么"四类人"，要把这"四类人"隔离开。我建议征用一些学校、酒店进行隔离，普遍服用中药，"大水漫灌"达到早期干预的目的。

（会场众人纷纷表示赞同，时针转动声再次响起）

第三幕

旁白：随着确诊患者越来越多，一床难求，解决不了应收尽收的问题，专家建议建立方舱医院收治轻症患者。张伯礼立刻与同为国家中医医疗救治专家组成员的刘清泉教授写了请战书，提出中医药进方舱，中医承包方舱医院救治任务。中央指导组同意后，他们一同组建了国内抗击新冠疫情的第一支中医医疗队，联合天津、江苏、河南、湖南、陕西的209位中医专家，筹建了江夏方舱医院，主要采用中医药综合治疗，由张伯礼负责指导指挥。

（方舱医院环境音）

工作人员：张院士，您休息一下吧！您看，这段时间您白天指导会诊，

医者仁心
人民健康的守护者

晚上召集会议，研究治疗方案……再这么硬扛下去，我担心您这身体吃不消啊！

张伯礼：这中医讲究的是望闻问切，你说这不到病房、不接触患者，我怎么能了解发病的规律，又怎么谈得上与病毒战斗呢？

工作人员：可是……

张伯礼：放心吧，我呀，没事的。（对患者）来来来，下一个，张嘴，啊——我看看你的舌苔。

市民甲：（武汉话）啊——哎，医生，您姓张？

张伯礼：你怎么知道？

市民甲：看您防护服上写的"老张加油！"我也姓张，老张，全靠您了！

张伯礼：哈哈哈，行啊，那咱们就相互鼓励吧！（突发上腹绞痛）哎哟……

市民甲：张医生，张医生，您怎么了？怎么了？

工作人员：张院士！张院士！快来人！

（众人纷纷聚集，担忧地议论）

张伯礼：（虚弱）别声张……我啊，这老毛病了……

第四幕

旁白：2月16日，张伯礼因劳累过度引发胆囊旧疾，中央疫情防控指导组领导强令他住院治疗。他本想保守治疗，因为"武汉保卫战"正到较劲的时候，还有那么多人等待救治，但负责为他治疗的专家态度坚决："您不能再拖了，必须手术！"接受手术照例要征求家属意见，张伯礼却说："不要告诉家人，我自己签字吧！"医生们手术时发现，他的胆囊已经化脓、胆管结石嵌顿坏疽了……难以想象，是什么样的精神力量在支撑着他！张伯礼在武汉时，儿子张磊也报名参加了医疗队，他带领第十二批天津支援湖北医疗队增援江夏方舱医院。张磊说："父亲这么大年纪都来了，我哪能坐得住？！"当张磊多次打电话，希望能陪陪手术后的父亲时，都被张伯礼拒绝了。

宁负自己 不负人民

（电话音效）

张磊：爸，您怎么样了？

张伯礼：爸没事，我听说他们给你打了电话了……儿子，这事啊你千万别跟你妈说啊。

张磊：我哪敢啊！我都被您吓得够呛！爸，我带领第十二批天津支援湖北医疗队增援武汉。刚落地了，现在就来看您！

张伯礼：你这傻儿子，你来武汉是来看我的吗？你赶紧的，到"红区"看好自己的患者去！现在是什么时候啊，现在是战事最吃劲的时候，你不必来我这里。

张磊：爸……我得看着您好好的，我才放心啊！我听他们说，做手术的时候才发现您胆囊都已经化脓了！您居然都拖这么严重，万一再耽搁下去，这后果……您胆子可真大啊！

张伯礼：胆子大？哈哈哈，我啊现在是彻底的没胆了……

张磊：您这是把胆留在了武汉！

张伯礼：看来啊，这辈子注定了，要与武汉肝胆相照啊。哈哈！

第五幕

旁白：3月10日，江夏方舱医院休舱。来武汉20多天的张磊才终于见着父亲。

张磊：（忍住心痛）爸！

张伯礼：儿子，我好着呢，你不要担心我。咱现在说说你，现在是休舱，你和你的队员也别放松了警惕，还要和治愈出院的患者保持密切的联系。你现在是战士，守卫武汉，肝胆相照啊。

张磊：嗯！爸，您放心，我们北京见！春天见！

旁白：9月8日上午，全国抗击新冠肺炎疫情表彰大会在北京人民大会堂隆重举行。中国工程院院士、天津中医药大学校长张伯礼被授予"人民英雄"

医者仁心
　　人民健康的守护者

国家荣誉称号。

　　颁奖词：张伯礼，人民英雄，指导中医药全程介入新冠肺炎救治，主持研究制定的中西医结合疗法成为中国方案的亮点，为推动中医药事业传承、创新、发展做出重大贡献！

铁腕治疫的巾帼院士
——李兰娟

古今中外,巾帼不让须眉的壮举谱写了一曲曲生命的赞歌。这些勇敢的铿锵玫瑰,她们不仅有过硬的专业素养,而且大爱于心,勇敢无畏。在国家与社会需要时,她们从不后退,而是勇敢迎上去,撑起半边天。

2003年的"非典"、2013年的H7N9、2020年的新冠感染……在这些没有人可以置身事外的人民战争中,涌现出了无数感人肺腑的英雄事迹,李兰娟便是其中之一。李兰娟是一位73岁高龄仍奔波一线的好医生,也是我国传染病学领域杰出的领军人物。

医者仁心
人民健康的守护者

那么她在科学领域的成就都有哪些呢？她从事传染病临床、科研和教学工作已经40年，是我国人工肝的开拓者，创建的人工肝支持系统治疗重型肝炎曾获得重大突破。她首次提出感染微生态学理论，从微生态角度来审视感染的发生、发展和结局，为感染防治提供了崭新的思路。

她说："国家的大事，自己义不容辞。"她也试图用一生去实践一句话："我只是一个医生。"从驰援武汉到研究疫苗，从建议封城到怒怼谣言……这位70多岁的院士雷厉风行地为我们展示了何为巾帼风采，何为大医济世。

她本可在家颐养天年，儿孙承欢膝下，如今却争分夺秒地埋头研究；她本可退居二线运筹帷幄，如今却"披甲上阵、横刀立马"在武汉第一线。

新冠疫情消息爆出后，李兰娟和钟南山一起，受国之所托，逆行武汉考察疫情。多年的经验让李兰娟感受到事态之严重，她向武汉市人民政府提议"不进不出"。随后，她果敢地向中央建议"武汉必须封城"。

封城？这在中国的疾控史上从未有过，就连2003年"非典"时期也没有。万一疫情没什么大事，李兰娟一生的名誉和声望恐都将毁于一旦。她不是不知

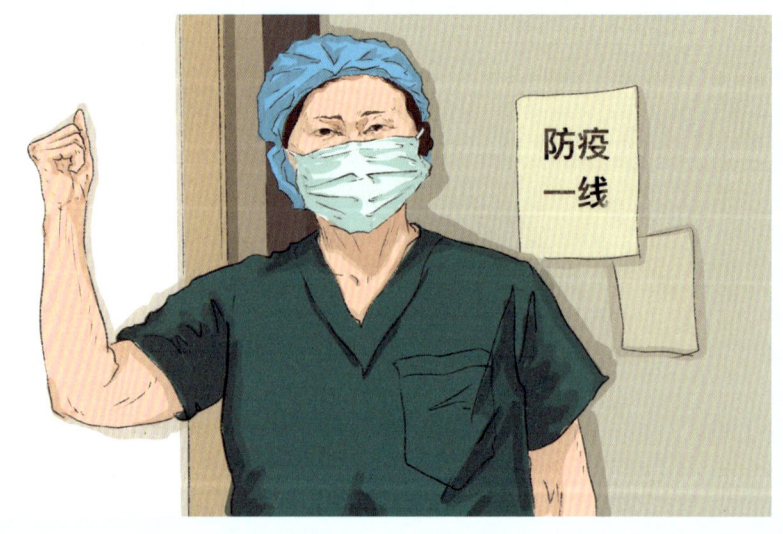

道事关重大，但在她心里，人民高于一切，生命重于泰山。

自新冠疫情暴发那天起，她的万千关切集中于病患、防治和不断变化的疫情。

她，冒着被感染的风险，武汉、北京、杭州三地跑，出诊、开会、出差，抽空接受采访，释疑解惑，坚定全国人民的信心，每天睡眠甚至都不超过3小时。

她，在千家万户高举起团聚酒杯的除夕夜，从北京参加完疫情会议返回杭州，在机场吃了份饺子，这就是年夜饭。这张照片流传出来后，人们再一次为她动容。

她曾说，"这一次，我来当一个医生，武汉有很多危重症患者，需要人工肝等支持治疗""战'疫'不成功，我们绝不撤兵"。

有人说，她是一个可以和钟南山院士相媲美的人物。有她在，就更加心安。

李兰娟也的确有理由让很多人吃下定心丸。

她是国内唯一一个传染病学科女院士，当过浙江省卫生厅10年的掌舵人，在她执掌浙江省卫生厅期间雷厉风行，曾经创造了"二次感染率为零"的奇迹。

2003年，时任浙江省卫生厅厅长的李兰娟遇到了SARS暴发。那是4月的

医者仁心
人民健康的守护者

一天，李兰娟听取了下属的紧急汇报：浙江已经出现了"非典"型肺炎患者！作为卫生厅厅长的她，必须马上做出决断。

第一个难题：是否向民众公开此事？李兰娟不假思索地做出了决定：立刻向民众公开具体信息！百姓的生命健康，比什么都重要！

她开始加班加点研究"非典"型肺炎治疗方案。那一年"非典"，浙江省感染病例极少，且治愈率极高，"二次传染"人数为0！

10年后的2013年，考验再次来临，上海和安徽两地首次出现了人感染H7N9禽流感疫情，病毒来势凶猛，重症患者病情发展十分迅速。李兰娟领导的项目组在5天内就迅速确认了这起重大突发疫情病原是一种全新的三源重配H7N9禽流感病毒，并及时对外公布了病毒基因序列，为全球共同应对人感染H7N9禽流感疫情赢得了宝贵的时间。

随后，在李兰娟的带领下，我国很快就成功研制了首个人感染H7N9禽流感病毒疫苗种子株，打破了我国流感疫苗株必须依赖国际提供的历史，还填补了我国流感疫苗种子株自主研发空白。这也是中国科学家在新发传染病防控史上第一次利用自主创建的"中国模式"技术体系，成功防控了在我国本土发生的重大新发传染病疫情，为全球提供了"中国经验"。

然而，2020年，73岁的她选择重新挂帅，奔赴武汉。医生的身份，让她在疫情面前本能地挺身而出。扎实的基础、广博的学识、敏锐的嗅觉、正确的判断、强硬的策略，这就是李兰娟，一个生于浙江贫困村庄，从小就迷恋医学，把治病救人当作第一要务的李兰娟。

李兰娟一生各种荣誉加冕，她的名字被深深地刻在中国医学历史上，她把自己滚烫的几十年都无私献给了医学事业。只要国家有需要，人民有需要，她们就是人民英雄，召之即来，来之能战，战之能胜。

让我们一起向这位悬壶济世的医者致敬，正因为有了李兰娟这样的医者仁心，我们的人民才更安心。

铁腕治疫的巾帼院士

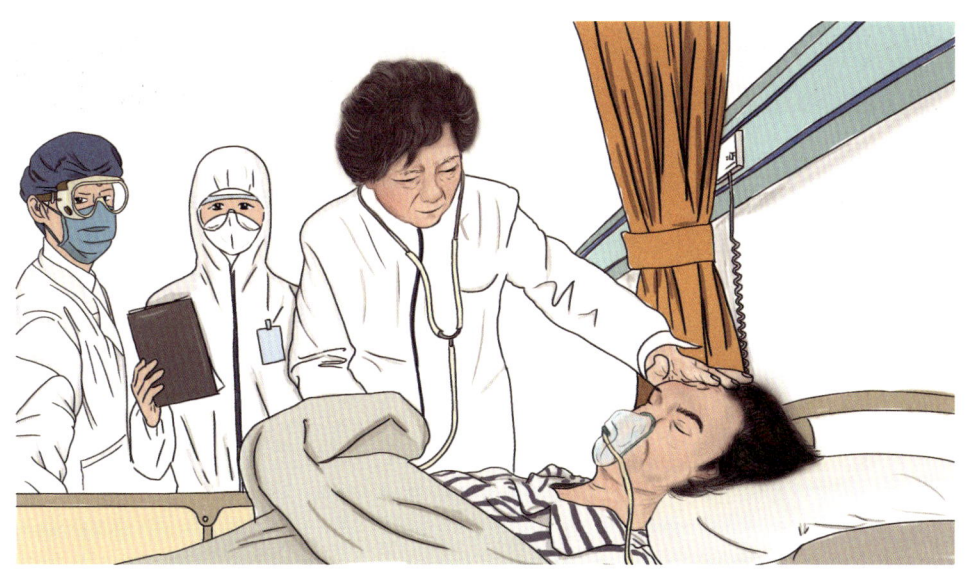

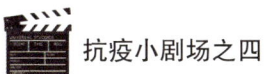
抗疫小剧场之四

国家有需要,我们随时出发——李兰娟

剧中人物

李兰娟	女	73岁	中国工程院院士,传染病学专家
王院长	男	50岁	武汉大学人民医院院领导
谢女士	女	63岁	重症患者
医护1	女	30岁	武汉医生
医护2	男	30岁	武汉医生

医者仁心
人民健康的守护者

第一幕

广播：武汉市新型冠状病毒感染疫情防控指挥部于23号发布……

广播：23号10时起，武汉市城市公交、地铁、轮渡、长途客运暂停运营……

广播：无特殊原因，市民不要离开武汉，机场、火车站离汉通道暂时关闭……

广播：机场、火车站离汉通道暂时关闭。

（闪光灯）

记者：李院士您好，听说您昨天深夜再次向国家提出了关闭武汉进出通道的建议。而就在刚刚呢，武汉启动了临时的交通管制。请问您为什么坚决提出这个建议呢？

李兰娟：甲类传染病的病种是可以隔离的，这是必须做到的行之有效的办法，这样才能排查和隔离所有传染源！

记者：嗯，据我所知呢，您在2003年"非典"的时候，面对浙江当时出现的4例输入性病例，您是顶着压力，最终获得了各级支持，一晚上隔离了1000多例密切接触者。后来的事实证明呢，这一措施对浙江疫情的控制发挥了巨大的作用。可是您这次建议关闭的不是一个社区，而是武汉这样一座大城市的进出通道，马上又是除夕了……

（音乐起）

李兰娟：这确实是一个艰难的决定，万不得已的措施……（坚定地）但正因为春节，全国人口流动高峰，武汉又是交通中枢，我们更要尽快阻断！如果不及时采取果断措施，疫情很可能向全国蔓延，那才是真的不堪想象啊！

记者：嗯，那您之后，还会随紧急医疗队去支援武汉一线吗？

李兰娟：国家有需要，我们随时出发！

【版头：中国科学技术馆出品八集系列广播剧《是院士也是战士》。第四集《国家有需要，我们随时出发——李兰娟》】

（音乐止）

第二幕

【火车站声音：女士们、先生们，Z257次列车很快就要开车了，为了保证您的安全……】【压混】

旁白：2月1日深夜，浙江大学医学院附属第一医院10名高级别专家组从杭州出发，奔赴武汉。这其中就有刚刚从武汉回到杭州，又再次主动请缨出征的73岁的李兰娟。当天下午1点，作为传染病诊治国家重点实验室主任、中国工程院医药卫生学部院士的李兰娟收到了国家卫健委的指令：武汉需要你们，十分紧迫，请马上出发！

【场景：武汉大学人民医院】

众医护：——啊，真的是李院士来了吗？！

——是她是她！

——欢迎李兰娟院士！

——感谢援鄂医疗队！

医护2：来了来了，真的是她！我读书时候，她就是我的女神！

医护1：听说他们在禽流感救治过程中积累了"四抗二平衡"的经验，可以抗击新冠。

王院长：哎哎，好了同志们，让我们欢迎李院士专家一行支援我们武汉大学人民医院重症病区！

（大家热烈鼓掌感谢）

众医护：欢迎！

众医护：感谢感谢！

王院长：同志们，这次的10人组，是由医院感染病学、重症医学、护理等专业的专家组成。他们今天凌晨4点抵达武汉，还没怎么休息就直接到医院来了。

众医护：欢迎欢迎，感谢！

李兰娟：谢谢大家，同志们，战友们，这一个月你们辛苦了。我们已经做好了充分准备，设定了初步治疗方案，接下来和大家一起奋斗，一起坚持！

医者仁心
人民健康的守护者

战"疫"不成功，我们绝不撤"兵"！

王院长：这次李院士团队带来了三大技术——"李氏人工肝"、干细胞、微生态等相关资料，还有医疗设备、耗材、制剂等物资。我们力争共同降低重型、危重型患者病死率！大家有没有信心！

众医护：——有！（有信心）

——李院士的专家组来了，咱们就有信心多了！

医护1：有信心多了！

李兰娟：那我们马上开始工作吧，换隔离服，进ICU！

（衣服摩擦声）

医护2：李院士，我来帮您在隔离服上写名字吧，因为这一旦穿上隔离服，咱们就只能看到彼此的眼睛了，写上名字方便大家辨认。

李兰娟：好！那……帮我在背后，再写四个字。

医护2：写什么？您说。

李兰娟：武汉，加油！

众医护：对！武汉，加油！

（音乐止）

医护1：紧急紧急！15床情况很不好。

李兰娟：说一下情况。（边走边说，隔离服摩擦）

医护2：院历显示，入院前发烧4天，呼吸急促，检查发现她的血氧饱和度只有90%，诊断为重型新冠感染。转入ICU进一步治疗后，肺部X线检查发现，白细胞介素6，高出正常值5.7倍。

李兰娟：5.7倍？属于细胞因子风暴早期患者。

医护2：细胞因子风暴？

李兰娟：类似免疫系统自杀式的攻击，在损伤病毒的同时也给人体各个脏器留下一大堆连带伤害。

（监护仪器声音）

医护2：谢阿姨，谢阿姨？能听见吗？

李兰娟：（翻病例）谢女士，谢女士？

医护2：她意识是清晰的，但现在处于昏睡状态。而且之前求生欲并不强。

李兰娟：（耳边小声说）谢女士，挺住，你一定可以撑下去！

医护：她睁开眼睛了！

李兰娟：我想给她试试"人工肝"治疗。

医护：行！听您的！

第三幕

旁白：进驻武大人民医院东院区后，医疗队在李兰娟院士的率领下，与ICU各地医疗队的同仁们上下齐心，通过44天努力，取得了阶段性效果，ICU病死率由原来高出80%降至15%以下，尤其处于细胞因子风暴早期重症患者经"人工肝"治疗后，存活率达100%。

众人：——祝贺祝贺！祝贺顺利出院！

——早日康复！

——大家回去好好休息啊！

众患者：感谢医生、感谢党！你们辛苦啦！

谢女士：是李兰娟院士啊！我给您鞠躬了！多亏您啊！您是我的救命恩人！

李兰娟：要感谢你自己！战胜了病魔，祝贺你啊！

谢女士：是您的鼓励，激起了我的斗志！那天您第一次来查房的时候，我迷迷糊糊看见一个年纪大的医生的身影。听见您在我耳边鼓励我，就像亲人一样。这一句话啊就让我安心了，之后啊连续两个晚上都睡了一个整觉。后来我才知道，负责治疗我的是李兰娟院士！我做到了，李院士！没有辜负您和所有医护人员对我的付出！

李兰娟：对一个医生来说，幸福就是看着一个个患者恢复健康。

谢女士：说真的！我一直以为院士都是坐镇指挥的，没想到院士还来到一线病房。

医者仁心
人民健康的守护者

李兰娟：我是一名医生，这里是我的"战场"啊！

谢女士：您还要在武汉工作多久啊？我今年63了，您比我年纪还要大10岁呢。我看到新闻照片儿，您的脸都浮肿了，脸上还有口罩的压痕……（哭）真叫人心疼啊。护士们说您特别的忙，开会、治疗、手术、新闻发布、接受采访……每天只睡3个小时，这可怎么行啊？

李兰娟：这次来啊，就是打算长期奋斗，也没有考虑什么时候回去！只要国家有需要，我可以继续"战斗"！

旁白：73岁的李兰娟院士践行了她的诺言，在一线坚守到了最后一刻！2020年3月18日，武汉市自疫情发生以来，确诊病例、疑似病例均无新增，首次出现"双零"。3月31日，武汉大学人民医院东院区累计964人治愈出院。这一天，李兰娟院士撤离了她坚持"战斗"了近60天的战场。

李兰娟：（混响内心独白）加油！即将迎来解封的武汉！我在重启的春天，等你！

关键时刻　关键之举
——王辰

公元 14 世纪，一场名为黑死病的传染病在欧洲大陆肆虐，有人说，它甚至可能是罗马帝国衰败的原因之一。时间回到现代，在北京协和医院 2020 届的毕业典礼上，时任院长的王辰提到了他小时候在书中读到的鼠疫："当时的罗马街头，人类活动最突出的声音就是拉着黑死病病人尸体的马车碾过街头石板路的声音。"这场曾经持续了几个世纪的传染病对当时的人类社会造成了毁灭性伤害，也对一位名叫王辰的年轻人产生了深远的影响。

王辰，呼吸病学与危重症医学专家，中国工程院院士。1985 年毕业于首都医

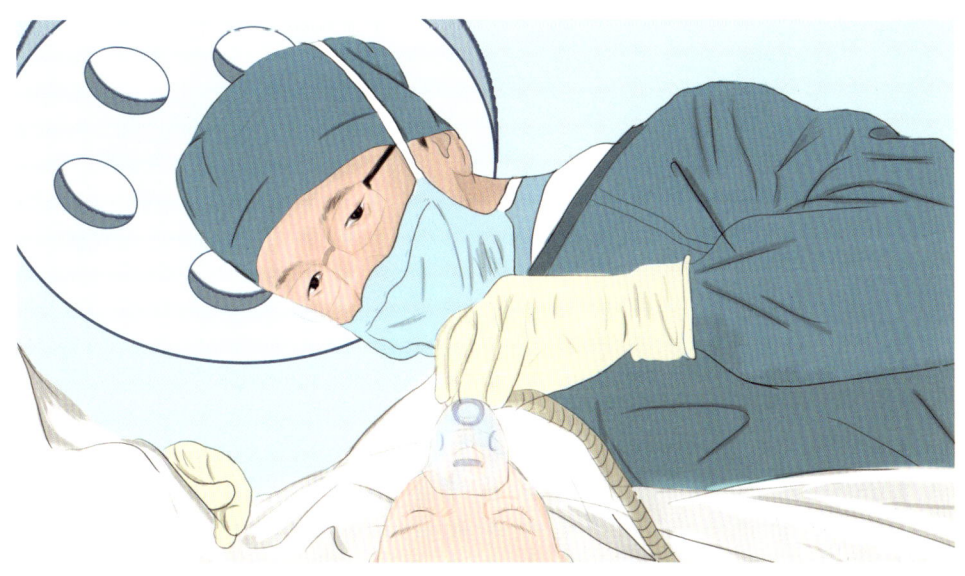

医者仁心
人民健康的守护者

科大学医疗系,在北京朝阳医院呼吸专业担任住院医师。在一次抢救过程中,因为时间紧迫,王辰面对一位有严重传染性的开放性肺结核患者,他来不及插管、上呼吸机,直接拿起纱布盖在患者口上进行口对口人工呼吸。因为抢救及时,患者重获新生,但这一幕却让旁边的医生和护士为他捏了一把汗。就是在这样与死神赛跑的日日夜夜里,年轻的王辰"修炼"了过硬的基本功。1987年,他被国内呼吸病学泰斗人物翁心植收为开门弟子,攻读硕士、博士学位。1991年5月的一天,王辰正在为博士论文答辩做最后的冲刺。电话铃响起,一位感染中毒性休克已达48小时的患者情况危急。王辰马上赶到医院,当时患者血压为零,肾功能衰竭,起搏点下移,升压药无效,存活希望渺茫。在翁心植教授的指导下,王辰经过认真分析,使用了一种本用于降血压的药物,最终等来了奇迹——患者血压回升。抢救成功了,王辰却累得在办公室睡着了,梦中还念叨着论文的题目应该加2个字。

2020年2月,王辰抵达武汉参与新冠疫情防治工作。他第一时间提出建立方舱医院,最大限度地切断传染源。2月5日,方舱医院正式投入使用,收治新冠感染轻症患者。3月10日,随着最后一批49名患者出舱,武昌方舱医院

关键时刻 关键之举

在运行35天后宣告正式休舱。方舱医院一个多月累计收治轻症患者1.2万余人，实现了从"人等床"到"床等人"的转变，取得了患者零病亡、零回头，医护人员零感染的成效。这是一段将书写在中国抗击新冠疫情历史、为世人所铭记的重要历史经验。他的调研防治方略和科研攻坚，为人民群众打赢疫情攻坚战下了定心丸。

作为老师，王辰院士细致严谨、毫无保留，他让所有学生轮流参加他的门诊，对所有人进行实践指导。正如他对青年学子们所说的那样，"行医者，最重要的是要有悲悯之心。"这样的悲悯之心，也正是王辰院士家国情怀的体现。他以中国发展、社会发展，乃至人类发展为己任，而医学则是他对抗病疾的武器。

白衣执甲、丹心逆行，关键时刻、关键之举的王辰院士用他的专业和真诚为人民擎起了一片安全的天空。

2019年12月，王辰获得"2019吴阶平医学奖"。该奖共评选过13次，至今只有20人获奖。得此殊荣，他只说了八个字："一切过往，皆为序章。"

医者仁心
人民健康的守护者

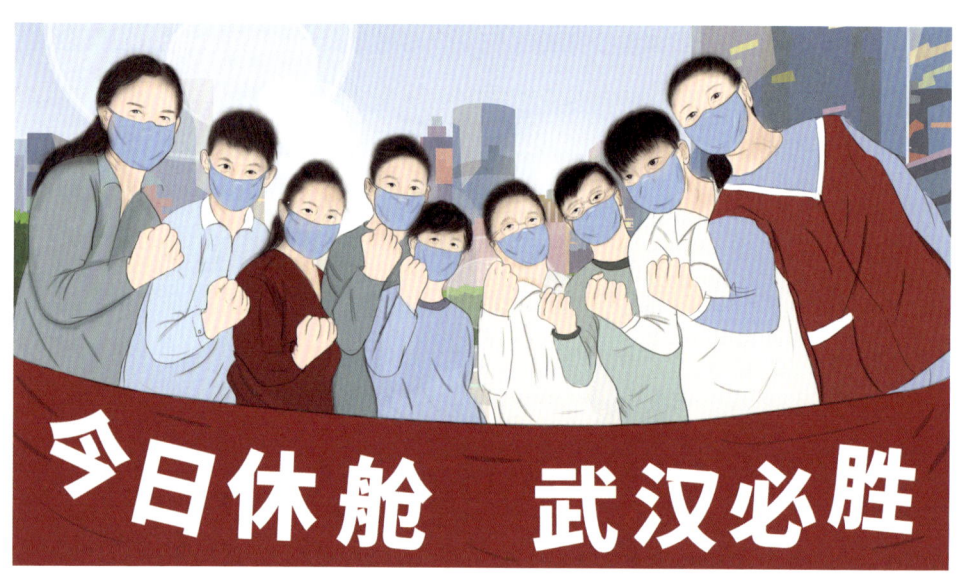

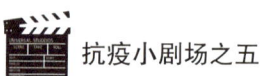 抗疫小剧场之五

关键时刻,关键之举——王辰

剧中人物			
王辰	男	58岁	中国工程院院士,呼吸病学与危重症医学专家
区领导	男	50岁	武汉市区领导
工作人员1	女	40岁	方舱医院工作人员
工作人员2	男	20岁	方舱医院工作人员
护士	女	40岁	方舱医院护士
苏婆婆	女	60岁	方舱医院患者
23床	男	50岁	方舱医院患者

关键时刻　关键之举

第一幕

【场景：武昌方舱休舱现场】

众病患：我们出舱了！

众人：（胜利的昂扬）五星红旗迎风飘扬，胜利歌声多么响亮……

众医护：一起战，一起赢！一起战，一起赢！

旁白：3月10日，位于洪山体育馆的武昌方舱医院正式休舱。至此，武汉投用的方舱医院全部休舱待命。从"开舱"到"休舱"，35天，武汉16家方舱医院共收治新冠感染轻症患者1.2万余人。武汉的新冠感染患者每4人中就有1人是在方舱医院治疗的，方舱医院成为名副其实的"生命之舱"。2月初，从考察调研到提出设想再到开舱运营，启动建设方舱医院只用了短短48小时。这幕后英雄是我国呼吸病学与危重症医学专家、中国工程院副院长、中国医学科学院院长王辰。

【版头：中国科技馆出品八集系列广播剧《是院士也是战士》。第五集《关键时刻　关键之举——王辰》】

第二幕

【场景：2月2日武昌方舱改造现场】

（多台大货车声音）

众人：——来，这边再过来几个人帮忙。

——来了来了。

——唉，挡板放哪儿啊？

——放这儿，这儿。

——还有没有多的呀？拿到这边来。

——这还有这还有，我给你拿。

医者仁心
人民健康的守护者

王辰：（高声喊，急）是的，所有的区域都要用隔板隔起来！这里再加一块木板……对对对，好！速度再快一点！

工作人员1：嗯，好的王院士。（对着远处喊）来，场馆东面全部打开，军用车辆马上开进来。

工作人员2：王辰院士，"三区两线"这边您看看是这样设计吗？

王辰：（急）我刚刚不是说了吗？污染区在这边，过来后在这里二次消杀。缓冲区的设置按我的图纸来。

工作人员2：哦，好……明白了。

区领导：各单位负责人都在吗？集合一下！

众人：——来，大家集合一下！

——来了来了。（拍拍手，放下手中的活）

众人：建设、水务、环保、城管各单位都在！

区领导：好！各位，形势大家现在都知道，万分严峻。王辰院士作为专家亲自来指导我们方舱的建设，大家必须一样一样落实到位，不能有半点出入！

工作人员1：收到。可是，12小时内要完成1500张床位和配套生活物资的筹集，这个难度……

工作人员2：我们没有方舱建设的经验，以前只参加过抗震救灾时启用的野战移动医院……这种大型场馆的改造，太难了。

区领导：难？我们有患者们难吗？看看发热门诊门口的长队，看看社区积压的患者，他们才是最难的！

王辰：这个，我说两句。武汉的同志们，大家辛苦了。时间关系，没有和大家一一解释！方舱庇护医院是我们专家组建议的中国重大公共卫生举措，也是首次启用这种大空间、多床位的方舱建设。当然了，这不是"至善之策"，但却是"可取之策""现实之策"。如果大量轻症患者居家或者疑似患者在社区和医院间游动，那将会成为疫情扩散的主要源头。那么建方舱分流，就是要把有限的医院床位让给重症患者，将轻症隔离在方舱，防治结合才能最有效地解决武汉目前一床难求、医院"堰塞湖"的问题。现在最需要各位做的就是——抓落实！能不能成功，全靠你们了！

众人：好的，王院士！

众人：嗯，我们想办法克服困难，王院士！

区领导：各位！话不多说了！24小时后，人民医院将整体接管方舱，所以我们只有一天的时间！誓死守住人民生命！和死神抢时间！必须完成方舱改造！抢出生命绿色通道！

众人：是！坚决完成任务！

第三幕

23床：护士！医生！护士呢？医生呢？

苏婆婆：嘘——，你小点声。整个病区，就听见你一个人的声音。

23床：这方舱真的是太冷了，你让我晚上怎么睡啊？

苏婆婆：哎哟，人家每个床配了电热毯好吧，你这个人怎么晚上住进来，就一直找碴儿啊。

23床：哎，婆婆，您怎么说话呢，是我在找碴儿吗？要不是社区非把我送过来，我才不来这"集中营"呢！

苏婆婆："集中营"？

23床：嗯，婆婆，您真以为这儿是医院呢？您醒醒吧！方舱，这是方舱！就是让我们集中等死的地方！

苏婆婆：呸呸呸！！瞎说！这叫应收尽收。新闻说了今天一天开了3个方舱，4000多个床位呢。

23床：就这医疗条件，收进来有什么用啊？呼吸机、监护仪要啥啥没有！

苏婆婆：我们是轻症，会给符合我们需要的医疗照护的好吧，而且这里还可以监测，总比在家好吧。万一发现病情加重，他们还可以第一时间把我们送去医院呢。

医者仁心
人民健康的守护者

23床：是的！哼，我看啊！病情肯定得加重！本来没有病，结果在这儿还交叉感染了，搞严重了！

苏婆婆：反正我相信王辰院士。他说了，方舱收治的都是不可能交叉感染的。院感做的不会比正规医院差！

23床：你说谁？谁是王辰？

苏婆婆：王辰你都不知道？（20）03年北京防治"非典"专家组组长！人家现在是院士！院士的话你不信啊？

护士：来，测体温了！23床怎么样今天？

23床：还行吧。

护士：这是你要的金庸小说，方舱的工作人员想办法给你弄来了。

23床：啊？这，还真的是有求必应啊！

护士：婆婆，您要的收音机。您听听，效果好不好。

苏婆婆：哎呀，谢谢你们，谢谢你们，想得真周到啊！

护士：王辰院士特地嘱咐了，让我们医护关注大家的心理健康。他说上千人集中在这样一个密闭的空间里，难免有焦虑、抑郁的负面情绪，如果相互影响，那可能还会有事端，所以要让方舱成为轻症患者的社区。马上我们还会开设图书架、读书角、小课桌、电视区，一定丰富好大家的文化生活。

苏婆婆：哎呀，那可太好了，太好了！

护士：那你们先休息一下，一会儿我再过来发中药！（声音远去）

23床：哎，这是什么啊？援……助……武汉医疗队……指导手册。

苏婆婆：那是小护士的，赶紧还给人家。

23床：我知道我知道，我先看看。华山医院接管A病区？湘雅二院接管B病区？他们都来了？

苏婆婆：我看看！哎哟哟哟，我说吧！（激动）这这这……哪是放弃我们了！（激动，抽泣）这是，这是派了全中国最好的医生来管我们啊！（远去）后面呢，后面还写的什么？

关键时刻　关键之举

23床：我看看，这后边儿是方舱P3实验室使用手册，哎哟，后面看不懂啊。

苏婆婆：哎哟，全国最好的医院带着最好的设备，要来救我们了！（远去）告诉大家一个好消息……

第四幕

旁白：随着治疗的推进，方舱医院里陆续组建起临时党支部。医护党员防护服上"我是党员，有事请找我"的字样，患者党员身上的党徽、红袖标，方舱内高扬的党旗，迅速把方舱医院内不同地方、不同岗位的人员凝聚起来，形成一个个强有力的战斗集体，集聚起方舱医院的战"疫"强大力量。

众病患：我们出舱了！

众人：（胜利的昂扬）五星红旗迎风飘扬，胜利歌声多么响亮……

众医护：一起战，一起赢！一起战，一起赢！

王辰：（扩音）方舱庇护医院可以作为成熟有用的经验，运用到今后大的疫情防控之中。新冠疫情在全球已具备大流行的特征，世界各国在对疫情的应对中可以借鉴我们的经验。我们奔赴伊朗、伊拉克、意大利等国际应急援助的专家团队，已经向当地提出了建设启用方舱医院的建议，这是一个适用有效的中国方案。

旁白：武汉战"疫"归来，王辰院士将16家方舱医院送给他的16张工作证留作纪念，他认为这是对他最大的褒奖。但他说："一切过往，皆为序章。"2020年7月，王辰出任国家呼吸医学中心主任。8月，出任中国医疗医药应急保障体系联盟首席专家。致力于国家医学健康研究和管理工作，推动我国医学卫生健康事业发展。

为武汉写一份最满意的答卷
——黄璐琦

"对于一名医生来说,到疫情一线去,是职责和使命。"这是中医药学家黄璐琦院士奔赴武汉前所说的话。2020年大年初一,这个原本是黄璐琦和家人团聚的日子,他却选择带领医疗队出征前往武汉。

由黄璐琦带领的这支医疗队,是第一个进入武汉的国家中医医疗队,是第一个接管重病区的中医医疗队,也是武汉市金银潭医院第一个为新冠感染危重患者使用中药治疗的医疗队。

早在2020年1月20日,黄璐琦就曾主持召开了中国中医科学院疫情防控

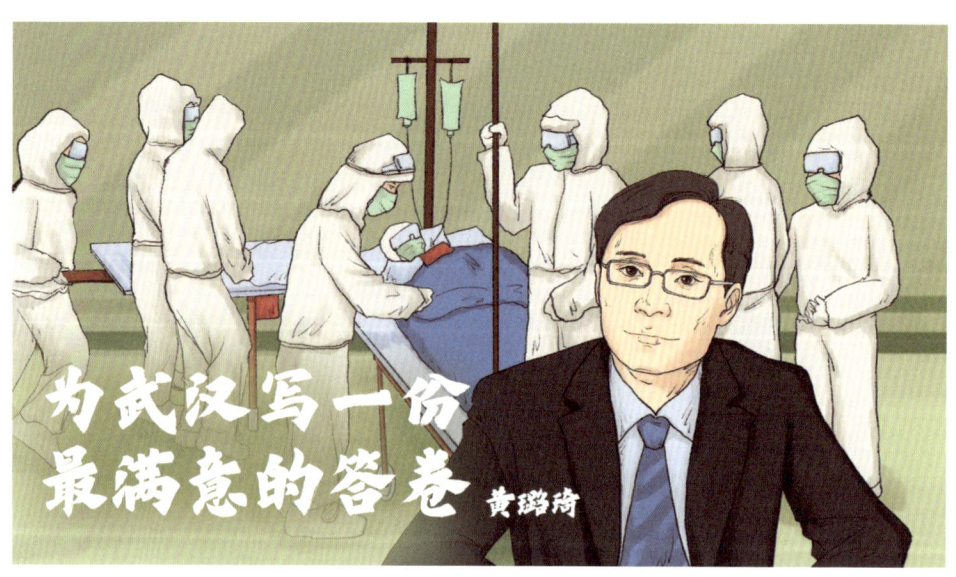

专题会议，成立了新冠感染防控领导小组和工作小组，要求院属各医疗机构加强防控措施和科研攻关，以发挥中医药优势，全面开展防控工作。

黄璐琦带着医疗队到达武汉后看到街头空旷无人，来往的只有疾驰的救护车，那时他和医疗队就知道，他们已经踏上了"战场"，大家的责任感和使命感油然而生。

黄璐琦院士出生于素有"书乡""茶乡"之称的江西婺源，他的母亲金青是中医师、新安医学学派传承人，黄璐琦从小便跟随母亲出诊，帮助采集草药，耳濡目染地学了一些中医知识。

当年，婺源县城不大，黄璐琦跟着母亲从街头巷尾走过时，不时地听到沿途不少百姓向母亲问好："金医师好！"医师的职业荣誉感在黄璐琦心底油然而生，原来医师不仅仅是养家糊口的工作，只要把本职工作做得出色，就会赢得充分的尊敬，获得职业荣誉感与幸福感。

黄璐琦的父亲曾希望他学建筑，因为家里已有一个学医的姐姐。1985年参加高考时，黄璐琦怀着一个建筑师的梦想，在高考志愿表上填写了同济大学建筑学专业。可是命运偏偏跟他开了一个玩笑，他没有被这个专业录取，反而被调剂到江西中医学院中药专业。"这就是天意，上天安排的，我不后悔。建筑与医药，都是民生很大的一块，与老百姓都息息相关。"黄璐琦说。

中国也许少了一位优秀的建筑师，却多了一位优秀的医学专家。子承母业的黄璐琦，从此投身中医药领域。过去对母亲从事职业的骄傲自豪，逐渐变为了自己对所学专业的热爱。

本科毕业后，他考上全国中医药权威高校——中国中医科学院，师从同仁堂的创始家族——乐家第十三世传人乐崇熙攻读硕士学位。为了调查国内栝楼属的药用植物，他曾单身一人到云南、四川、贵州、广西等地的深山老林，还查阅了英国、美国、澳大利亚、泰国、马来西亚、日本等标本室借来的标本，整理出世界范围的栝楼属植物名录，并在研究过程中发现了新种植物，使这一领域的研究达到了国际先进水平。

每当特别累的时候，黄璐琦就会想起李时珍尝百草、验功效时的坚毅，自

医者仁心
人民健康的守护者

己也就有了走下去的勇气。最后，黄璐琦的毕业论文被专家评价为"目前对世界性栝楼属最全面系统的研究，取得了创造性成果"，并因此获得北京医科大学特等奖学金。

随后，黄璐琦进入北京医科大学攻读博士学位，师从著名生药学家楼之岑和著名药用植物学家诚静容。"这些导师在为学做人方面都对我产生过深刻的影响。曾担任中国药学会理事长的楼之岑院士，严谨治学的精神让我敬仰。"黄璐琦说。

1995年，年仅27岁的黄璐琦以《展望分子生物技术在生药学中的应用》为题，将自己长期以来的思考发表在《中国中药杂志》上，文中首次提出了"分子生药学"的概念，这在当时沉闷许久的生药学研究中引起了强烈的反响。

29岁那年，黄璐琦开始担任中药研究所所长，31岁开始担任博导。作为医药卫生组的委员，黄璐琦的实验室集结了近30位不同学科背景、不同学历、不同年龄段的成员，这种学术互补性极强的人员组合方式在中医药学界并不多见。

黄璐琦和他的团队深谙"一分耕耘，一分收获"的道理，以心践之，致力

于中药资源的研究和保护。以黄璐琦研究团队为核心，在很多中医药学者的积极参与和大力协作下，国内第一部从基因水平研究生药学的著作《分子生药学》得以问世，并标志着一门崭新的生药学分支学科——分子生药学在国内诞生。

此后，《分子生药学》成为复旦大学、北京大学和华西医科大学等国内知名高校的研究生教材。经过这么多年的建设和发展，在黄璐琦和他的团队不懈努力下，分子生药学现已成为研究方向稳定、技术水平领先、理论思想创新、学术影响广泛、学科队伍合理的具有国内外领先水平、规范化的创新学科。

2006年，38岁的黄璐琦申请了国家973项目的课题"中药药性理论继承与创新研究"，而这一年是国家"973计划"（国家重点基础研究发展计划）首次设立中医药研究专项，他抓住这一难得的机会，开始中药学的创新研究，并成为"973计划"年轻的首席科学家。

做课题的时候，黄璐琦待在家里的时间很少，不足20平方米的实验室成为他的常驻基地。有时候，为了一个实验，他能做到凌晨才回家。"如果你问门口的保安人员，单位里谁下班最晚，那么保安一定会说是黄老师。"黄璐琦的一个学生这样描述他的工作状态。

医者仁心
人民健康的守护者

47岁时，黄璐琦当选中国工程院院士，主要从事中药资源学和分子生药学研究，在栝楼属植物方面的研究（抗癌、抗艾滋病方面）领先于国际水平。

2020年，由于新冠疫情的暴发，黄璐琦主动要求前往武汉一线，他说："当时根本没时间多想。救治患者是一名医务工作者的责任，也是检验我们党员初心使命的时候。只有在第一线，亲自看到疫情的真实情况，发现一线遇到的问题和困难，才能让中医药在抗疫中发挥更好的救治作用。我们来了，就可以与西医并肩作战，同台合作。"

于是，黄璐琦院士带领第一支逆行的医疗队伍奔赴武汉，他84岁的母亲得知儿子到了武汉十分忧心，因为作为一名医生，母亲深知一线医护的感染风险。

那时，黄璐琦的姐姐给母亲发了一条短信说："他是您的儿子，也是人民的医生，在这种情况下，他的职责必须要这样做，怎么可以逃避呢？多多理解他，战斗在一线的医护人员，也是父母的宝贝孩子，他们更危险更辛苦，只希望大家共同努力，早日战胜这个病魔，平安回来，还世界一个安宁。"这是姐姐宽慰母亲的话，也道出了黄璐琦的心声。

黄璐琦说："在去往武汉的途中我一直在想，作为中国中医科学院的院长，

自己带领医疗队来武汉的使命是什么？一个是治病救人，另一个就是要发挥并证明中医药的优势和特色。如果能形成一个核心方，并且把核心方研发成专治新冠感染的中药新药，这是中医药的幸事、国家的幸事、人民的幸事。"

到达武汉后，黄璐琦院士带领团队边救治、边总结、边研究，快速熟悉医院情况并迅速接管金银潭医院南一病区，给病区内及其他病区有需求的患者服用中药。针对医院中药药品不足的现状，医疗队迅速搭建中药供应保障平台，保证医院药品供应。中西医结合的方法在缓解患者发热、咳嗽、咽干、食欲减退、心慌等方面发挥了重要作用。

随着疫情初步稳定，黄璐琦院士选择在武汉解封之前4小时回到北京，从武汉撤离时黄璐琦疲惫又欣慰，他说："一个人把事情做好了，就应该往后站。这一项项的抗疫工作，就是我写在委员作业本上的答案。看着中医药参与疫情防控取得阶段性进展，参与救治的广度和深度不断提高，中西医密切协作、联合攻关，在治疗新冠感染中取得较好疗效，我想，这也是我满意的一份答卷。"

医者仁心
人民健康的守护者

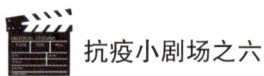 抗疫小剧场之六

誓用中国办法，保护中国人民——黄璐琦

剧中人物			
黄璐琦	男	52岁	中国工程院院士
陈盈盈	女	29岁	中医医疗队护士
医护1	男	38岁	中医医疗队医生
医护2	女	45岁	中医医疗队医生

为武汉写一份最满意的答卷

第一幕

【火车上】

黄璐琦：同志们！大家在火车上抓紧时间休息。今天晚上到了武汉，我们就直接进入金银潭医院了。

医护1：黄院士！我们是作为中国历史上首个整建制中医医疗队，来独立接管传染病重症病区的吧？

黄璐琦：嗯，对！

医护2：是我们中医大显身手的时刻了！我始终相信老祖宗给我们留下的中医瑰宝！

医护1：是啊，我们中医人心里都憋着一股劲儿呢！网上总有一些"中医黑"的声音，这次要好好证明一下！

众人：就是！

黄璐琦：嗯，有信心是好事儿！但是，我们面临的困难也是巨大的！马上要接管的是一家西医体系的医院，怎么样才能在3天之内迅速地打开局面，并且啊，要在后续的治疗当中实现中医对重症的治疗。这个对我们来说啊，是一次巨大的挑战啊！大家做好打时间仗、打硬仗的准备啊！

众人：是！

旁白：1月25日，大年初一，中国工程院院士、中国中医科学院院长、中国中医科学院研究生院院长黄璐琦院士临危受命，率领第一支国家中医医疗队紧急驰援疫情防控阻击战的最凶险地带——武汉市金银潭医院！

医护：我说同志们，大战之前，能不能不要那么严肃啊，说点开心的吧。

医护1：哎，对了，今天是我们队陈盈盈护士29岁的生日！

众人：盈盈生日快乐！

陈盈盈：谢谢大家！这应该是我这辈子最特别、也最忐忑的一个生日了。（害怕的语气）

黄璐琦：陈盈盈！

医者仁心
人民健康的守护者

陈盈盈：在！

黄璐琦：29岁？那你是我们医疗队最年轻的队员呢。你没有（20）03年SARS的经验，底气不足啊？

陈盈盈：我……我是对于集中的重症患者的抢救，有点儿担心。我看新闻说，病程特别短，救治难度很大……

黄璐琦：嗯，来，送你一个口罩当生日礼物！祝愿你平安凯旋！

陈盈盈：嗯，谢谢黄院士。

黄院士：来，我们大家一起来创造一个奇迹！

众人：嗯！一起，创造奇迹！

【版头：中国科学技术馆出品八集系列广播剧《是院士也是战士》。第六集《誓用中国办法，保护中国人民——黄璐琦》】

第二幕

医护1：黄院士，金银潭医院情况不容乐观。副院长黄朝林已经确认感染，院长张定宇因为爱人感染正在隔离。

医护2：黄院士，金银潭医院没有中药处方信息系统。

陈盈盈：黄院士，这里中药物资储备严重不足，中药饮片、配方颗粒、中成药、注射液都非常缺乏……

黄璐琦：大家不要着急，启动我们的预定方案。药品保障小组！

医护1：到！

黄璐琦：广泛联系协调湖北中药企业，请他们捐赠中药。

医护1：好的！

黄璐琦：科研攻关组！

医护2：到！

黄璐琦：迅速搭建中药的保障平台，新增中药处方信息系统，并且收集全院的患者信息。

医护2：是！

黄璐琦：陈盈盈！

陈盈盈：在！

黄璐琦：你负责病房的交接，周密制定病区的管理流程。

陈盈盈：好的。

黄璐琦：我和专家组对病情和救治过程调研，落实普通型和危重型的中药诊疗方案。各位，战斗开始了，4天之内全面接管南一病区的32张病床！

众人：是！

第三幕

旁白：经过几个昼夜地反复论证、完善病区接管方案，1月29日，武汉市金银潭医院将南一区病房的医疗工作正式交给黄璐琦所带领的中医医疗队，中医药救治新冠感染患者的第一块儿"试验田"由此开辟！尽管中医治疗作用明显，但重症患者的抢救困难仍然超乎想象。第一周，几乎每天都有重症患者离去，每天进病房的第一件事，就是去抬遗体，这让不少医护人员几近崩溃。

陈盈盈：（哭泣）

黄璐琦：盈盈，你怎么蹲这儿啊？怎么哭了？

陈盈盈：没事，黄院士。我……

黄璐琦：你是不是这几天就只睡两三个小时没休息好啊？

陈盈盈：黄院士，我不怕苦不怕累，我就怕患者离开，这几天我都快要崩溃了！我管床的患者今天又走了两个。肯定是我的问题，我为什么没有能力帮助他们！

黄璐琦：再万能的医生也必须要面对生死啊！盈盈啊，你知道我为什么喜欢医生这个职业吗？50多年前，在婺源县太白乡玉坦村有一个叫金青的女中医，当地没有交通，她就只能把孩子锁在家里头，每天呢背着7个月大的儿子步行去各个村去出诊，通常都是晴天一身土，雨天一身泥的。有一天啊，金青带着

医者仁心
人民健康的守护者

4个孩子出诊,一场电闪雷鸣的大雨说来就来了。她就赶忙啊,把孩子堆到那个稻草堆里头,然后用自己的身体给他们挡着,挡风挡雨。那时候她想过放弃吗?也可能有。但她说救治患者啊,永远都是一名医务工作者的第一职责,只有冲到一线,才能通过"望闻问切"把准脉搏,治病救人。所以无论是出多远的诊、走多远的路、时间有多晚,一有需要啊,她就立马放下手中的事,去给村民们看病。

陈盈盈:那个女医生是您……

黄璐琦:就是我母亲,背篓里的婴儿就是我。我记得所有人见到母亲都亲切地打招呼。小时候我就觉得,这医生啊,很崇高。

陈盈盈:言传身教,难怪您一直这么拼。我听说您读博士的时候,为了调查国内药用植物,一个人前往广东、广西、云南、贵州的深山老林。2011年又用3年的时间走遍70多个县,跋山涉水对国内现存中药资源进行大摸底。

黄璐琦:既然选择了,那就义无反顾。我立过誓言,一定要用中国办法保护中国人民!盈盈,你也可以!

陈盈盈:我可以吗?

(音乐起)

第四幕

旁白:3天后,转机到来。2月3日,南一病区首批中西医结合或纯中药治疗的8名患者出院。同一天,中西医结合防治新冠感染临床研究在武汉启动,一批又一批的中医医疗队驰援武汉,中西医结合的治疗规模开始逐步扩大,中西医治疗的疗效不断显现。

陈盈盈:黄院士,我们做到了!2月19号我们实现了接管病区零死亡!

医护1:好消息!救治数据显示,中西医结合可以缩短病程,使患者脱氧时间提前两天!

医护2:病区的所有病患,都主动要求中医治疗。

黄璐琦：嗯！继续努力！其实这段时间我一直在思考，我们来武汉的使命除了治病救人，能不能让中医药发挥并且证明它的优势和特色？如果能形成一个核心方，并且把核心方研制成专治新冠感染的中药新药，这是人民的幸事啊！

旁白：应对疫情，全世界都在寻找有效的方药。随着临床救治病例的增加，中药"利器"的作用初显端倪。黄璐琦团队边救治、边总结、边优化。3月18日，化湿败毒颗粒获得国家药监局批复的首个治疗新冠感染的中药临床批件，成为我国首个完全具有知识产权的治疗新冠感染的中药创新药物。

黄璐琦：治疗新冠感染就像一场足球赛，人体是球场。"化湿败毒方"就像一个由14味药构成的足球队（11名队员加上3名替补队员），在球场上从前场、中场和后场入手，相互配合，击败病毒。当前疫情在多国蔓延。深化疫情防控中的中医药国际合作，这是构建人类命运共同体的必然要求，也是我国作为负责任大国的担当。【英语现场同声传译声：Treating novel coronavirus pneumonia is like a football match, and the body is a golf course. "Huashi Baidu recipe" is like a football team composed of 14 herbs（11 players and 3 substitutes）. It starts from the front court, midfield and back field to cooperate with each other to defeat the virus.】

第五幕

【火车站】

众人：武汉，加油！武汉，加油！……

陈盈盈：武汉，我们要走了！两个月，我们累计收治158例，出院140人，其中纯中医治疗88例，治愈出院率88.61%。用中国办法保护中国人民！我做到了！

医护1：你们听说了吗？金银潭医院院长张定宇决定，在我们走了以后，南一病区作为中医药传染病区，由全院15名中医师集中管理。以后，艾滋病、肝炎等传染病也会积极用中医药治疗。

医者仁心
　　人民健康的守护者

　　黄璐琦：同志们，这场战"疫"不仅打消了国人对中药心存的疑虑，而且也改变了世卫组织先前持有的"不应使用中药应对新冠"的态度。这意味着中医药抗击疫情的临床效果在世界范围得到认同。这让我们对中医药充满信心，更是对中华民族文化充满自信！

与时间赛跑的生命守护者
——乔杰

"与时间赛跑,与病魔较量,从死神手中抢人。"这句话是中国工程院院士、北京大学第三医院(以下简称"北医三院")院长乔杰带领北医三院第二批援鄂抗疫国家医疗队飞赴武汉展开医疗救援前说的。

2020年年初,新冠疫情正在吞噬着人的生命,一分一秒都是生死时速,每时每刻都是性命攸关。

前往武汉那天,一接到紧急通知,身为院长的乔杰就带领医疗队在一小时内集结完毕。大家来不及收拾行囊,也顾不上与家人告别,直接从医院奔赴机场,

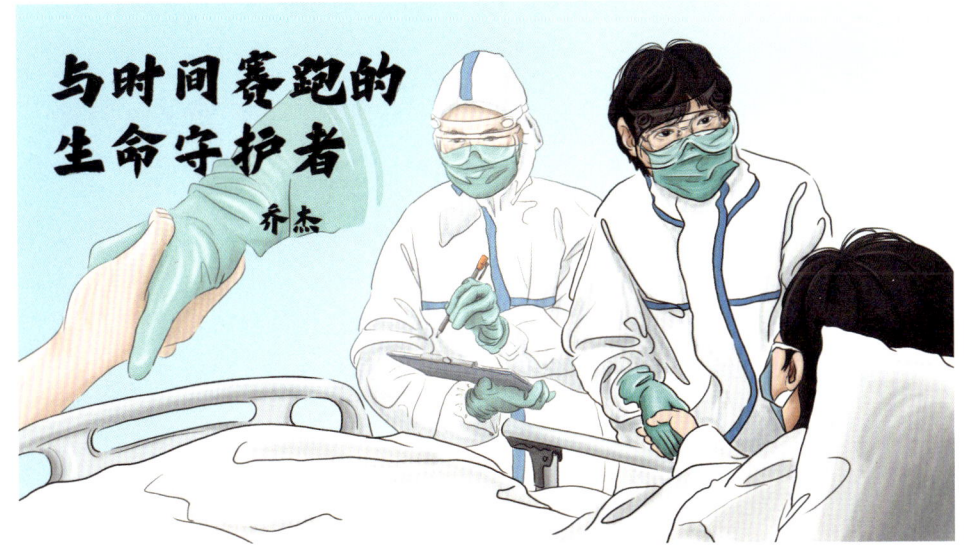

医者仁心
人民健康的守护者

当晚就抵达了武汉。

在临行前的出征仪式上,乔杰给自己打气,也给队员们鼓劲儿,她说:"面对疫情,我们必须同舟共济,团结一心,我们有必胜的信心!相信有党和政府的坚强领导,我们一定能够克服困难,取得胜利!"

寥寥数言,简短、质朴却充满力量,这也是此次战"疫"期间乔杰难得的对外发声。她保持着一如既往的低调,把自己当作一名普通的"士兵",与无数前线"战士"一起拼尽每一分气力与病魔较量,从死神手中抢人。

从医30年,国家产科质控中心专家乔杰迎接了许许多多的新生命。看到孩子们欢快的模样,就是乔杰最喜悦的时刻。她曾称自己是"看门人",在生命起源处守护。但这一次,她是在与时间赛跑,去挽救那些曾经鲜活的珍贵生命。

抵达武汉以后,乔杰和医疗队顾不上休息便火速组建"危重症病房"。抗疫战场,军情似火,军令如山。乔杰说,"组建危重症病房,抓住救治关口,尽量提高治愈率、降低病死率,是她此行的使命","人命关天,分秒必争,特殊时刻,速度就是战斗力"。

乔杰的病房组建从开始行动到投入使用,仅仅用了30多个小时,有人甚至称其为"奇迹"。"召之即来,来之能战,战之能胜!"乔杰对于自己"硬核"团队的战斗力给出了高分评价,这给她带队抗击疫情"战必胜"带来了极大信心。

作为国家产科质控中心专家委员会主任,疫情发生以来,乔杰一直格外关注湖北特别是武汉地区孕产妇的安全和防治情况。此前有新闻报道,一个出生36小时的婴儿咽拭子病毒核酸呈阳性,这让很多孕产妇和家庭深感焦虑,孕妇不幸感染病毒是否要终止妊娠,也一度成为焦点话题。为了能为更多孕产妇保驾护航,在危重症病房开始有序工作后,乔杰就迅速把部分精力转移到了孕产妇感染、救治情况的相关调查上。她多次出现在产科病房,为孕产妇送上"强心剂",鼓励大家坚定信念,共抗疫情。

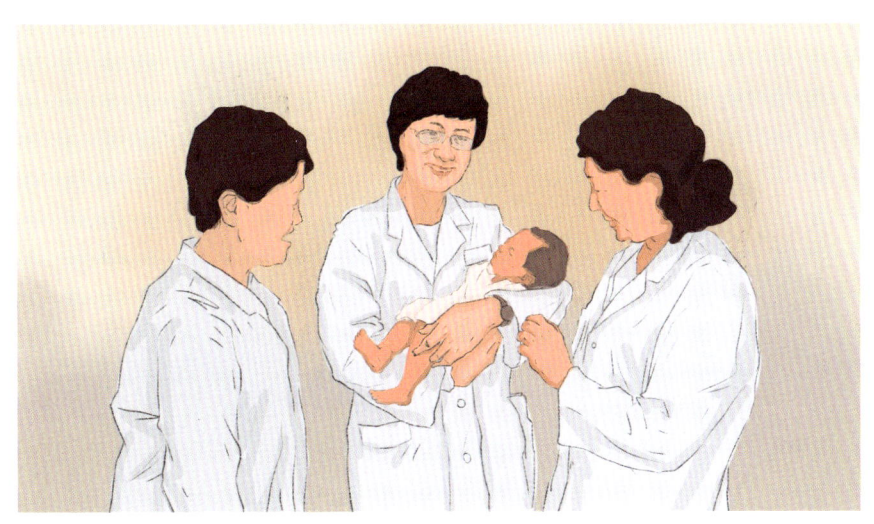

  2020年2月12日，乔杰受邀在著名医学杂志《柳叶刀》上就社会最关心的"妊娠期新型冠状病毒感染的临床特点及是否存在母婴垂直传播问题"，在线发表题为"新型冠状病毒感染孕产妇的风险是什么？"的重要述评，与国际同行分享中国经验。

  考虑到孕产妇是呼吸道病原体的易感人群，而且容易发展为严重肺炎，这就可能使得孕产妇比普通人群更易感染新型冠状病毒，尤其是在她们原本就患有慢性病或孕期并发症的情况下，因此，孕产妇和新生儿应被视为新型冠状病毒感染预防和管理的重点人群。

  乔杰院士的这项研究为了解妊娠期新型冠状病毒感染的临床特征、妊娠结局及垂直传播的可能性提供了重要线索，在当时如此严峻的形势下，这项研究对指导新型冠状病毒感染的预防和临床实践具有重要价值。

  根据乔杰和同行们当时掌握的信息来看，母婴垂直传播的概率偏小，尤其孕晚期的病毒感染对胎儿的致畸率相对较低，而且孕产妇普遍较为年轻，身体较好，感染率低，感染后轻症多，加上母婴传播的证据不充分，乔杰提醒广大孕产妇做好防护，无须过度恐慌。

医者仁心
人民健康的守护者

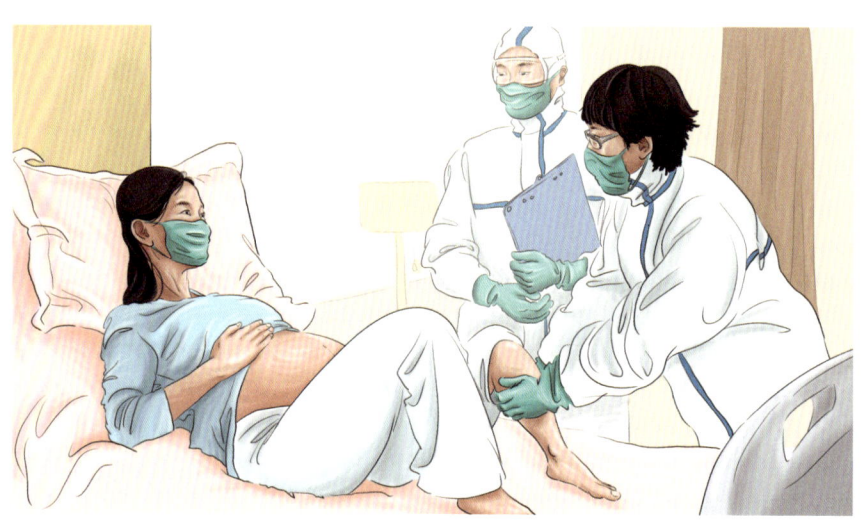

在抗击疫情的特殊时刻，在与病魔较量的危急关头，一个个新生命的平安降生，不仅对于一个母亲、一个家庭来说意味着希望，对于抗疫大军中的每一个中国人或许都意味着一种力量。在乔杰看来，"这关乎一个国家和民族的未来"，他（她）们有责任守护好每一位孕产妇的平安，也为代表着希望的"未来"护航。

在很多"80后""90后"的医护人员眼中，乔杰是可敬的师长，更是可亲的家长，很多人都亲切地称她为"乔妈妈"。她们说，"乔妈妈"像钢铁侠——她掌控全局、指挥部署，院际沟通、物资调配，亲临一线，处处为战。

"乔妈妈"很细心——为了防止护目镜起雾影响视线，她特意为大家准备了防雾喷雾；武汉下了雪，她想办法为大家弄来羽绒服，只为上班路上别冻着；为了避免头发过长影响防护效果，她利用休息时间为来不及理发的队员们修剪头发，开起了"乔妈妈理发店"。"乔妈妈"是定心丸——她亲自迎接抵达武汉的医护人员，让年轻的"孩子"在异乡战场上第一时间感受到温暖；她亲手在队员的防护服上写好名字标识，叮嘱大家做好防护，保护好自己；她鼓励队员"北医三院从来是打硬仗的"，而她始终与大家携手并肩……

与时间赛跑的生命守护者

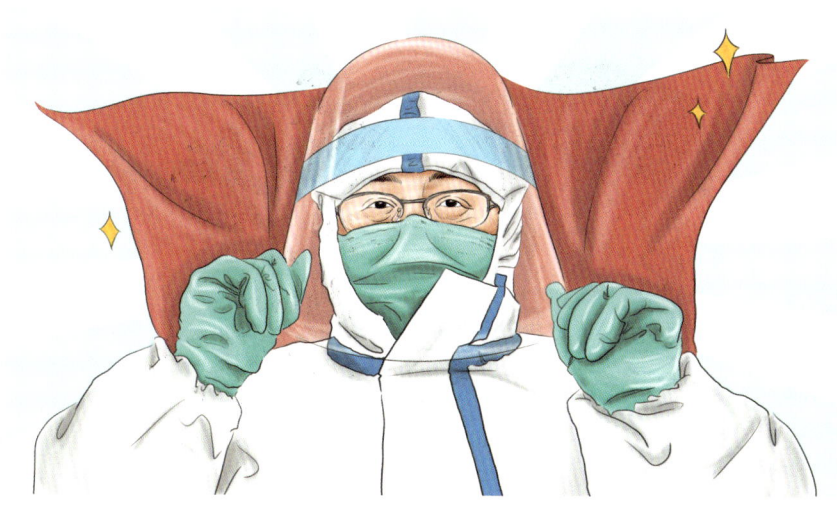

月圆思团圆。2020年,乔杰和队员们在武汉度过了一个难忘的元宵节。当天晚上9点,北医三院国家援鄂医疗队独立接管的同济医院中法新城院区新病区正式启用。第三批医疗队的成员,曾在"一线日记"中记录了那个不同寻常的夜晚。"窗外江边景色宜人,夜晚灯光更让人陶醉。随第一波班车出发去新病区,沿途满是灯火辉煌。跟着乔院长一起高唱《我和我的祖国》,大家眼眶湿润,这就是武汉的温暖!中国的温暖!"

身处战"疫"一线,乔杰是一位领航人,带领着她的钢铁战士们敢于直面生死,随时起身战斗,明知征途有艰险,越是艰险越向前。别人眼中的英勇、无畏,或许在无数像乔杰一样冲锋一线的医护人员眼中,只是职责所在,只是医者仁心。

医者仁心
人民健康的守护者

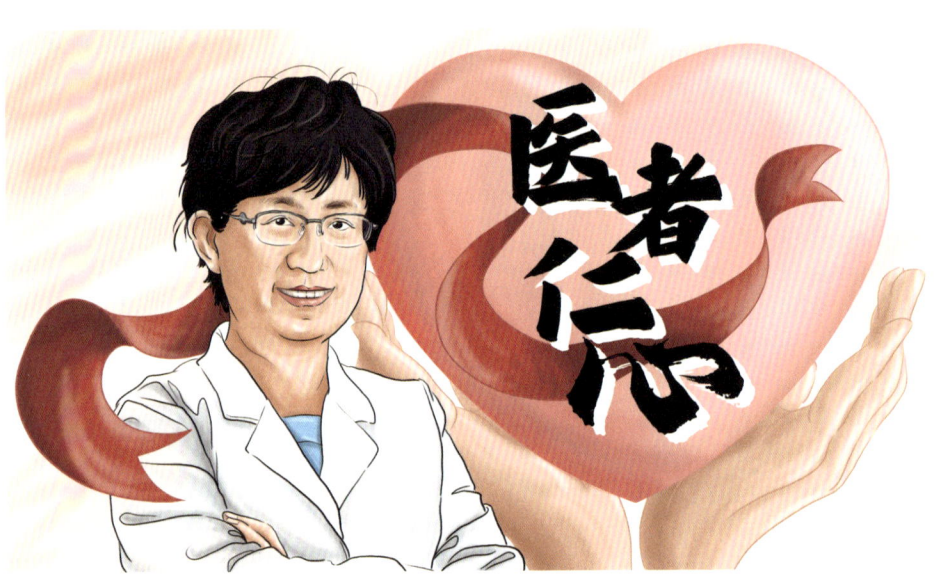

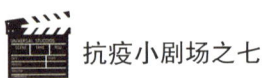 抗疫小剧场之七

我们都在与时间赛跑——乔杰

剧中人物			
乔 杰	女	56岁	中国工程院院士
护士男	男	30岁	援鄂护士
护士女	女	30岁	援鄂护士
孕 妇	女	28岁	新冠感染的孕妇

与时间赛跑的生命守护者

第一幕

【**场景**：武汉同济医院中法新城院区门口，北京大学第三医院援鄂医疗队举行简短而庄重的升旗仪式，奏唱国歌声】

众医生：（唱国歌）

旁白：2月2日，武汉同济医院中法新城院区门口，刚刚抵达的北京大学第三医院援鄂医疗队正在举行简短而庄重的升旗仪式。这歌声，悲壮而坚毅！接下来的日子，56岁的乔杰院士将带领北京大学第三医院400多名医务工作者迎来一场硬仗！

乔杰：各位兄弟姐妹，咱们这次是带着军令来的，我们必须在两天时间内帮助医院改造整栋楼为危重症病房！一周内独立接管新病区。任务很多很重！我们必须要把自己当作一名普通兵，与无数前线战士一起拼尽每一分气力与病魔较量，从死神手中抢人！

【**版头**：中国科学技术馆出品八集系列广播剧《是院士也是战士》。第七集《我们都在与时间赛跑——乔杰》】

第二幕

护士女：乔院长呢？盒饭怎么吃了两口，人又没影儿了？

护士男：这不是去和同济中法院方负责人、施工方，还有援鄂医疗队专家商讨危施工方案去了！

护士女：她一天都没吃东西了。这深更半夜的怎么还召集人开会呀？

护士男：她你还不知道吗？女斗士！

乔杰：（门外传来声音）过去是普通病房的门，变成隔离病房后，门缝要细封。那么，咱们就得找封门的胶，找会封这些门缝儿的工作人员。

护士女：啧啧啧，听见没？太细心了，她什么都考虑到。

护士男：不然大伙怎么都叫她"乔妈妈"。

医者仁心
人民健康的守护者

（音效：施工现场声音……）

乔杰：（大声喊）麻烦师傅们了，再快一点。大量患者等着住进来呢。早一天建好病房，就能多救好多人！

众人：好嘞，放心吧，我们连夜施工！

乔杰：各位师傅，我们在改造过程中一定严格区分污染区、缓冲区、清洁区。细节决定成败，我们必须得保证医护人员不感染。

众人：好的！明白！大家抓紧干活！

乔杰：刘护士，你安排人再去配备一些氧气瓶，我们从北京带来的一些仪器设备现在看起来还不够用呢！

护士男：嗯，好嘞！

乔杰：负压病房临时改造难度确实有点大，只能因地制宜，就用强力风扇来解决！来，李护士，这边再加3个风扇！

护士女：好！

旁白：短短30多个小时后的2月3日晚8点30分，武汉同济医院中法新城院区危重症病房正式启用。到2月4日凌晨3点，6个小时共收治24名患者，其中包括3名危重症患者。从开始行动到病房组建完成、投入使用效率之高，武汉院方惊叹这简直是个奇迹！

护士女：哎，刘护士，这个箱子我来拆。

护士男：好，那我来搬这些。

护士女：你说，你说咱们院长为了建这危重病房，这么多天都没回住地了。

护士男：是啊！

护士女：我们一会儿要不要先劝她回去休息一下，把这新病区的整理就交给我们年轻人啊？

护士男：我们劝她，你觉得她能愿意吗？明天咱们就要独立接管同济医院中法新城院区的新病区了，你看，那么多科室、那么多协调安排工作，她这哪儿放得下心啊！

护士女：可是，可是我每天看着她忙来忙去的身影，我真的太心疼乔妈妈了！才来武汉10天她就比之前消瘦了好多，我每次看见她我都好想哭啊……

护士男：唉，我也都不敢上前打招呼，总觉得她太累了，一句话也不想让她多说了……

护士女：你看这新病区的走道上都是废弃的床单和医疗用品，还有满地拆开的纸箱，我觉得这里就像废墟一样没有生命力，我都看不到希望了！

护士男：明天这里就会住进大批患者，打起精神来，我们才能多为乔院长分担，一切都会好的！

护士女：好。

乔杰：（远处）大家伙儿，都过来一下！

护士男：喊我们呢！

护士女：（擦擦眼泪）嗯，走！

乔杰：大家过来看呀，窗户外面的月亮，多圆多亮啊！明天就是正月十五了，阖家团圆的日子。

众人：——真的，好圆好大的月亮呀！

——哪儿呢？我看看！

——都已经正月十五了！

——我差点忘了！

——时间好快啊！

乔杰：今年的团圆，我们是和武汉的患者一起！这一定是我们此生难忘的元宵节。大家伙儿，拿出干劲儿来！抓住救治关口，尽量降低病死率、提高治愈率。我们的努力和付出，一定可以让更多家庭早日团圆！

众人：为了更多家庭的团圆——拼尽全力！

旁白：乔院长身穿防护服、戴着口罩，被大伙儿簇拥在中间，队员们跟着她一起高唱《我和我的祖国》。歌声中，每个人的眼中都泛起了泪光。

（音乐起）

医者仁心
人民健康的守护者

第三幕

护士女：（急切跑过来）院长，我们产科刚刚收了一名孕妇。她现在情绪很不稳定，一直担心自己胎儿的情况。您看，您是国家生殖医学的权威专家，您……

乔杰：好，这个患者交给我来管床。

护士女：好！

乔杰：来，给我拿套隔离服，进隔离区！

（边穿防护服边说）

护士女：院长，患者听说外地有一个刚出生的婴儿核酸就呈阳性了！所以她和家属很焦虑，他们正在犹豫是不是要终止妊娠。

乔杰：通过对最新临床观察性研究进行综合分析，截至目前并未有支持新型冠状病毒存在母婴垂直传播的可靠证据。我建议，继续妊娠。

护士男：嗯，那个婴儿也许是因为防护不到位，出生后感染的。

乔杰：不排除这种可能。据我了解，武汉的病例中，还没有发现母婴直接传播。

孕妇：啊！您是乔院士吗？

乔杰：16床，放松啊。心态不要紧张。新冠孕产妇愈后整体情况都比较好，跟同龄患者情况接近。孩子不会被传染，请相信我们的判断。

孕妇：是吗？乔院士，您是中科院的院士，我只相信您的话。

乔杰：恩，放心吧！李护士，我建议把所有的孕妇都集中在我的病区，我要亲自观察，亲自诊疗。

护士女：好！

旁白：危重症病房开始有序工作后，作为国家产科质控中心专家委员会主任，乔杰迅速把一部分精力放到了调查孕产妇目前的感染和救治情况。通过深入调研了解产妇病情，在医学杂志《柳叶刀》发表论文，就"妊娠期新型冠状病毒感染的临床特点及是否存在母婴垂直传播问题"与国际医学界分享经验。

除了医疗队的事务，乔杰还作为专家参与了《新型冠状病毒肺炎诊疗方案（试行）》第六版、第七版的制定，把有效救治孕产妇和儿童形成的一些经验，纳入诊疗规范。

第四幕

微信声：

——来，各位医生护士们，看看，乔妈妈理发店剪的头发，看看这照片儿，如何！

——哇，好赞啊！羡慕嫉妒啊！@乔杰，乔妈妈，我在线预约啊！

——这几天下雪了，乔妈妈今天想办法给大家找来好多羽绒服、电暖器……有需要的来315房间拿哈！

——乔妈妈真是钢铁侠一样，无所不能……总让我们特别安心。

——不光是我们，只要乔妈妈出现在产科病房，孕产妇们就像打了强心剂一样开心。

——乔妈妈提醒大家，互相监督，每天晚上睡觉不要少于6个小时，不然保证不了体力哟。来，下了早班儿的，赶紧去睡觉！

（夜晚安宁的声音）

旁白：一位患者写下这样的留言，"都说星星最亮，那是因为他们没有看到过护目镜里面医务人员的眼睛，那是更亮、更美的光亮，是温柔的、坚定的、力量的传递，让更多的患者战胜病魔！"

"中西合璧"的医学院士
——仝小林

2020年的除夕,有这样一群白衣天使逆行在归乡的人流中,奔赴没有硝烟的战场。在这其中,就有中医内科学家、中国科学院院士、中国中医科学院首席研究员仝小林的身影。

仝小林院士出生于1956年,他的母亲曾是位战地医生,在抗美援朝的战场上曾经冒着枪林弹雨救治伤患。他回忆说:"下了战场,在东北冬天零下二三十度的天气里,每当听到出诊呼叫,母亲都会第一时间背上药箱顶着严寒

"中西合璧"的医学院士

出诊。母亲虽然是西医出身,但为了能更好地治病救人,她自学针灸,在自己的身体上一遍遍体验针感。母亲言传身教,潜移默化中影响了我,所以我很早就立下了学医的志向。小学三年级的时候,我在一篇作文里写下'当一名白求恩式的大夫'。1978 年,我考到长春中医学院上学,当时全家都很开心,学医不仅是我的理想,也是父母对我的期望。"

进入长春中医学院后,仝小林师从周仲瑛先生和李济仁先生等。在校期间不断受到几位先生的医德医术和治学精神的影响,让他在中医药的道路上更加坚定。刚进大学不久,仝小林在去图书馆借书时碰到一位老先生,他一口气、一字不差地背完了二十八部脉,之后又把十四经脉和奇经八脉从头背到尾。这位老先生就是仝小林日后的启蒙老师——陈玉峰先生,正是他为仝小林的中医研究打下了牢固的基础。

1991—1994 年,仝小林在日本担任客座教授,面对日方的高薪留聘,他毅然决定回国。"我是国家培养的中医,单位需要、国家需要,当然要回来。"回国后,仝小林接任中日友好医院中风杂病科主任一职,上任后第一件事就是提出成立中医糖尿病科,这算是全国"首创"。正是良好的中医基础,让仝小林那份"白求恩式的大夫"的初心在归国后进一步成了在全球化新冠疫情中挽救无数生命的医者仁心,他的中医药创举也为全社会做出了划时代性的贡献。

2020 年大年初一,仝小林院士和白衣战士们共同奔赴武汉,到达武汉后他直奔专门收治重症危重症患者的医院,深入发热门诊、急诊、社区卫生服务中心、隔离点、方舱医院等地,了解疫情、研究对策。面对复杂的疫情形势,他事无巨细地了解疾病的全过程,介入每一个环节,确保在制定治疗方案的时候心里有底。他每天在医院的 ICU 病房查看患者,了解病情,应用中医方法治疗,推动各医院中西医结合治疗新冠感染。对自己的安危,他却没有时间考虑,他抓紧一切时间与病魔赛跑,白天到医院、社区救治患者,晚上经常开会到半夜,听取全国中医药新冠感染治疗情况汇报,总结分析各地治疗的宝贵经验,补充和修改全国诊疗方案。

医者仁心
人民健康的守护者

在武汉奋战的日日夜夜，仝小林院士及其团队战果累累。他开具的"武汉抗疫方"（1号方），率先在社区发放，在抗疫战场立下奇功；他倡导的社区中医药防控模式——"武昌模式"，在湖北得到广泛推广；他牵头制定的《新型冠状病毒肺炎诊疗方案（中医）》指导全国救治新冠感染患者；他多次深入重症病房，指导和亲自诊治危重患者……

在指导救治重症患者的同时，仝小林院士还积极帮助各个医院开展新冠感染的科研工作，总结中西医结合治疗患者的经验，科学进行分层比较分析，用有说服力的临床数据展示中医药的疗效。

在长期的临床一线工作中，仝小林院士以服务和帮助患者为使命，致力于探索和解决临床疑难问题，以高尚的医德和精湛的医术促进了传统中医和现代医学的融合，在中医药学领域做出了重大贡献。

"中西合璧"的医学院士

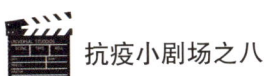
抗疫小剧场之八

欲中医自信，须先文化自信——仝小林

剧中人物

仝小林	男	64岁	中国内科专家，中国科学院院士
医　生	男	40岁	仝小林学生
婆　婆	女	60岁	患者
爹　爹	男	70岁	社区居民
阿　姨	女	50岁	社区居民

医者仁心
人民健康的守护者

第一幕

婆婆：为什么不给我打消炎针？我不喝中药！（又急又慌）

医生：李婆婆，如果血象高那才用西医抗生素疗法。您检查结果显示血象不高，又没有细菌感染的症状，但是有发热，这个中药疗法是仝院士根据您的症状专门制定的中药治疗方案。

婆婆：中药效果那么慢！不行！隔壁床好好的一个人，昨天说没就没了！（哭）我不能等死！你们赶紧给我打消炎针！

仝小林：怎么了？

医生：（悄悄话）又一个不接受中药治疗的！

婆婆：医生！我好容易等到床位住进来，不是来喝中药的！

仝小林：李婆婆，您别急，听我说：您看啊，隔壁房间一个83岁的老婆婆，她刚住进来的时候啊就一直戴着面罩，我们给她高流量的氧气，她的情况比您严重多了，而且一脱氧血氧饱和就噌噌地往下掉。但是我们经过评估没有给她用抗生素和激素，而是采取了我们中医的汤剂辨证施治。您看，用中药注射剂代替抗生素治疗。您看看，她今天状况就好多了。要不这样，您也给我们一天的机会，先试试看？

婆婆：我要中西医结合治疗！（祈求口吻）

仝小林：当然可以！您就等着看效果吧！

【版头：中国科技馆出品八集系列广播剧《是院士也是战士》。第八集《欲中医自信，须先文化自信——仝小林》】

第二幕

旁白：除夕夜，中国科学院院士、中国中医科学院首席研究员、中国中医科学院广安门医院主任医师——64岁的仝小林被任命为国家中医药管理局医疗救治专家组共同组长，带领专家组来到武汉市金银潭医院、湖北省中医院、武汉市第三医院等定点医院诊治患者。面对费心费力研究出来的中药和方案，患者"不买账"的问题，仝小林却一点不着急。

医生：仝院士，您怎么这么沉得住气啊？我们都快急死了。

仝小林：我们去了这么多医院，观察了不少ICU患者和轻症患者，你诊断舌象、脉象，发现他们有什么共同的特点没有？

医生：我们发现患者普遍舌质非常的胖大，齿痕非常明显，舌苔非常的白厚腐腻，寒湿之相特别严重。

仝小林：嗯，这就是典型的寒湿郁肺和寒湿困脾的表现。我一下飞机就感觉到武汉的湿气很大，查了一下，这之前竟然连续下了16天雨。听说啊，去年12月份也是一样的持续阴雨天气。所以可以初步判断，新冠感染当属"寒湿疫"。

医生："寒湿疫"？所以您希望他们减少不必要的输液，过度输液会加重寒湿；抗生素也多为寒凉之品，容易伤脾胃。

仝小林：是的，你发现了吗？患者都没有胃口，因为疾病的病位主要就是在肺和脾。

医生：您的意思是寒湿裹挟着戾气侵入人体的肺和脾，所以很多患者有肺部的症状，包括一些发热、咳嗽，甚至咳痰、全身酸痛。

仝小林：是的，你看，只要"病"能看得清，"病机"就能抓得准，一切就有方可寻。

医生：您牵头制定的第一版《新型冠状病毒感染的肺炎诊疗方案》中的中医治疗方案执行，主要就是针对寒和湿来给药。

仝小林：原则就是要宣肺化湿！这几天，我们正在拟定"武汉抗疫方"（1号方）这个通治方，争取尽快大范围地发下去。

医生：去哪发？

仝小林：社区！

（音乐起）

医者仁心
人民健康的守护者

第三幕

旁白：2月2日，武汉市新冠感染防控指挥部医疗救治组发出通知，要求各定点救治医疗机构于2020年2月3日24点前，确保所有患者服用中药。通知中所附的处方就是仝小林院士与湖北省武汉市专家组讨论后拟定的新冠感染疑似患者推荐通用方。这个被称为"肺炎1号方"的中药，于2月3号起率先在武昌区大范围免费发放。

【社区大喇叭】

广播：各位社区居民，请按照通知时段，依次到小区门口领取"肺炎1号方"。

阿姨：医生啊，我听新闻说，这个中药还蛮神奇的。我们家有5口人，给我20袋，我要屯起来。

医生：婆婆，这是药，不能当水喝的！

阿姨：我长期把药当饭吃，不怕不怕。只要是有用啊，多吃点怕什么！

医生：婆婆，一天两袋，不能过量。记得回去以后温了喝，这个时期湿气大要温热饮食啊！

仝小林：对！除了服用中药，咱们中医还有一些简单的治疗方法您可以试用一下，像是艾灸神阙、关元、气海、胃脘，还有这足三里啊，配合起来，可以温阳、散寒、除湿、调理脾胃，对您提高机体的免疫功能有好处。

阿姨：好，不过就是你说得太快了，我都没记下来。

医生：我们仝医生还为大家印了宣传单，您拿回家慢慢地看。

阿姨：哦，那太好了，你们想得真周到，又是发药，又是科普的。

爹爹：我没什么不舒服，也要喝吗？不是说是药三分毒吗？

仝小林：爹爹，我跟您说，我们中医这叫"治未病"，就是说未病先防、已病防变和愈后防复。服用中药通治方，高危人群可以预防传染病，咱们轻症也不至于变成重症，而这重症也不至于死亡，对传染病的治疗留出大的缓冲地带，可以起到很好的防控作用。

医生：是啊，我们所有的一线医生都在喝，您就放心吧。

"中西合璧"的医学院士

阿姨：是的是的！连钟南山都说了，抗击新冠病毒引起的感染，中医从一开始就得介入，别等到最后不行了才看。

众人：我也要！我也要！我也要！……

仝小林：居民朋友们，我再给大家推荐一款可以简易制作的寒湿疫方，记住了啊：苏叶6克，藿香叶6克，陈皮9克，煨草果6克，生姜3片。煎汤代茶喝。

医生：我们这还带了一些药材，需要的居民可以取。

众人：——是北京来的仝院士吧？

——是中科院的院士啊！

——院士亲自来武汉社区搞义诊啊！了不得，了不得！

——谢谢仝院士！谢谢仝院士！

旁白：这就是仝小林院士团队联合武汉市政府研究出的社区中医药防治的"武昌模式"。"武昌模式"是我国在面对新发、突发重大公共卫生事件时社区中医药防控的一种创新模式。尤其是在疫苗及特效药未出现之前，先以中医定性，再以通治方治病，使疫情防治关口前移。

第四幕

婆婆：仝医生！我今天要出院了，在走之前一定一定要来给你送一面锦旗！

仝小林：李婆婆，恭喜您啊！感觉怎么样？

婆婆：我以前觉得中药见效慢，恨不得半个月才有效。你开的这个药我一喝下去，当天晚上我就睡安稳了；第二天干咳、胸闷、气短都好些。你是不是华佗再世啊？

仝小林：哈哈，哪里哪里，我可没那么神。但是我们中药就有这样神奇的力量！只要对症了，疗效就非常突出！

婆婆：我们病区的人看到我治好了，全部都主动要求用那个中药！哦哦，他们还说了，只要是在中医接管的方舱里，没有一个转成重症！中医真神啊！

旁白：3月6日，国新办发布会上介绍了中西医结合所取得的成果，通过

医者仁心
人民健康的守护者

临床实践,中西医结合治疗轻症患者,临床治愈率提高33%;中西医结合治疗重症患者住院天数、核酸转阴的时间平均缩短2天以上。3月23日,国新办发布会上晒出一组数据,全国新冠感染确诊病例中,有74 187人使用了中医药,占91.5%。其中,湖北省有61 449人使用了中医药,占90.6%。中医药总有效率达到90%以上。

仝小林:自古以来,中医药在防治瘟疫上就发挥了重要作用。这次抗疫,就是一次试金石!中医药参与面之广、参与度之深均前所未有。它不仅有效缓解了早期疫情集中暴发、医疗资源不足的压力,而且在提高治愈率、降低病亡率等方面发挥了重要作用。数据胜于雄辩!我们向全世界宣告:虽然还没有特效药,但我们中国有中医药这个有效的方案,特色的"中国方案"!